옛기와

글, 사진/김성구

대원사

김성구 ———————

경희대학교 사학과를 졸업하고, 일
본 교토국립박물관에서 연수하였
다. 부여·진주·대구·광주 등의
국립박물관장을 역임하였다. 현재
는 국립중앙박물관 미술부장으로
재직하고 있다. 저서로는 『옛기와』
『옛전돌』이 있고, 주요 논문으로는
「백제의 와전」「백제·신라의 와
요」「한국 고대사원의 가람배치」
등이 있다.

빛깔있는 책들 102-30

옛기와

옛기와

기와의 유래

　기와는 양질의 점토를 재료로, 모골(模骨) 및 와범(瓦范) 등의 제작틀을 사용하여 일정한 모양으로 만든 다음에 가마 속에서 높은 온도로 구워 낸 건축 부재이다. 그런데 목조 건축의 지붕에는 원래 짚으로 엮은 이엉이나 나무 껍질 같은 식물성 부재를 사용했을 것으로 짐작하고 있으나, 내구력(耐久力)이 약하여 자주 교체해야 되기 때문에 방수 효과나 강도가 높은 반영구적인 점토 소성품(粘土燒成品)으로서 기와가 출현하게 되었다고 생각하고 있다.

　목조 건물의 지붕은 벽과 함께 건물을 오랫동안 잘 유지시키기 위한 필수적인 가구 시설(架構施設)이라고 할 수 있다. 그런데 점토 소성품인 기와를 지붕에 사용함으로써 빗물과 적설에 대한 누수를 방지하기 위한 방수성과 함께 방화성(防火性)을 갖게 되며 온, 습도의 기후 변화에 오래 견딜 수 있는 내구성과 건물 자체의 경관을 돋보이기 위한 미관성(美觀性) 등의 많은 이점을 지니게 된다. 그러나 기와집이 때로는 권위나 부(富)의 상징으로 간주되고 있기 때문에 그 사용도 어느 정도 규제를 받고 있었는데, 고대의 기와는 대부분이 국가적인 조영 사업의 일환으로 생산되어 비교적 정형화된

사진1. 도철무늬 반와당　진(秦).

모습을 보이고 있으나, 각 시대와 지역에 따라 다양하게 변화하고
있어서 당시의 문화 연구에 매우 중요시되고 있다.

　목조 건물에 기와를 사용하여 지붕을 이는 풍습은 고대 동양 건축
의 주요한 특색이라고 할 수 있는데, 그 기원은 다른 고대사 분야와
마찬가지로 쉽게 규명되지 않고 있다. 중국의 옛 책인 「광운(廣韻)」
의 '고사고(古史考)'에 "하시곤오씨작와(夏時昆吾氏作瓦)"라는 기록
이 있고, 약 3000년 전 중국의 주(周)시대에 사용된 기와가 현재
가장 오래 된 기와로 알려지고 있으며 진한(秦漢)대에 이르러 매우
성행했던 점 등을 통하여 그 기원을 어느 정도 추정할 수가 있다.

　중국에서 기와가 처음으로 제작되어 사용된 시기는 서주(西周)
초기로 알려지고 있다. 아직까지 상(商)대의 기와는 발견되지 않고
있는데 서주 초기의 기와가 당시의 도읍지로 생각되고 있는 종주
(宗周)의 풍호(豊鎬)와 주원(周原) 지역에서 발견되고 있다. 따라서

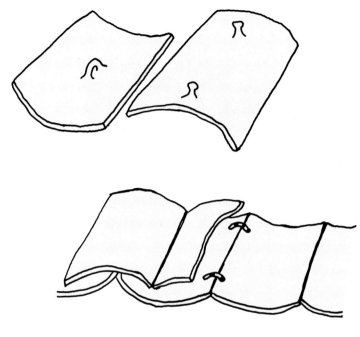

그림1. 서주의 기와

주왕조가 세워진 것이 기원전 1050년경이므로 중국에서의 기와의 사용은 약 3000년 정도의 역사를 지녔다고 할 수 있다.

서주 초기는 기와가 지붕 전체에 이어진 것이 아니라 용마루나 내림마루와 같은 지붕의 일부에 한해 사용되었다. 그리고 기와는 암·수키와의 구별이 없이 네모난 판형(板形)으로 제작되었는데, 지붕에 이을 때 기와의 안팎면을 끈으로 고정시킬 수 있는 돌기가 달려 있거나 구멍이 뚫려 있어서 이채롭다(그림 1). 그런데 서주 중기에 이르러 기와가 점차 지붕 전체에 이어지게 되고, 서주 중기에서 춘추(春秋) 초기 사이에 암·수키와가 별도로 분리되어 각각 다르게 제작된다.

중국에서 추녀 끝에 사용되는 수막새가 나타나기 시작한 것은 서주 중기로 알려져 있으며, 춘추전국시대부터 기와가 각지로 보급되며 도철(饕餮), 동물, 수목 등이 새겨진 막새가 다양하게 제작된다. 그런데 당시에 사용된 수막새는 반와당(半瓦當)으로 부르고 있는데 수키와 끝에 원형의 드림새(垂板)를 절반으로 나눈 듯한 반원형의 드림새가 부착된 것이다(사진 1).

　수키와 끝에 원형의 드림새가 부착된 수막새가 처음으로 나타나기 시작한 것은 한(漢)부터이며 후한(後漢) 때에 일반화되어 오늘에 이르고 있다. 한의 수막새에는 구름(卷雲), 꽃, 길상, 문자 등이 새겨지고 있는데 막새의 중심에는 반구상의 돌기가 크게 배치되고, 그 외측을 두 줄의 구획선으로 4등분하여 문양이나 문자를 새기고 있는 점이 가장 주요한 특징이 되고 있다. 그런데 이와 같은 수막새의 형식은 한의 무제(武帝)가 설치한 낙랑군에 그대로 전파되어 기원 전후부터 우리나라의 북부 지방에 새로운 목조 기와집을 출현시키게 되는 주요한 계기가 되었다.

기와의 종류

　기와는 목조 건물의 지붕에 이어져 눈과 빗물의 누수를 차단하고 이를 흘러내리게 하여 지붕을 결구하고 있는 목재의 부식을 방지함과 동시에 건물의 경관과 치장을 위하여 사용되고 있다. 따라서 침수를 막는 방수성과 온, 습도의 기후 변화에 오래 견딜 수 있는 내구성을 그 본래의 기능으로 한 기본 기와와 건물의 경관을 돋보이기 위한 여러 종류의 기와들이 일찍부터 다양하게 제작되어 왔다.

　우리나라에서는 삼국시대부터 기와가 본격적으로 제작되기 시작하여 조선시대까지 많은 변천을 겪으면서 계속 사용되었는데, 지붕에 사용되는 위치에 따라 그 모양이나 명칭이 각각 다르고 그 종류도 매우 다양함을 살필 수 있다(그림 2). 그런데 우리나라의 기와는 그 사용처와 형태에 따라 기본 기와, 막새, 서까래 기와, 마루 기와, 특수 기와 등으로 크게 분류할 수 있는데 이를 다시 세분하여 살펴보면 그 종류가 20여 종이 넘고 있다.

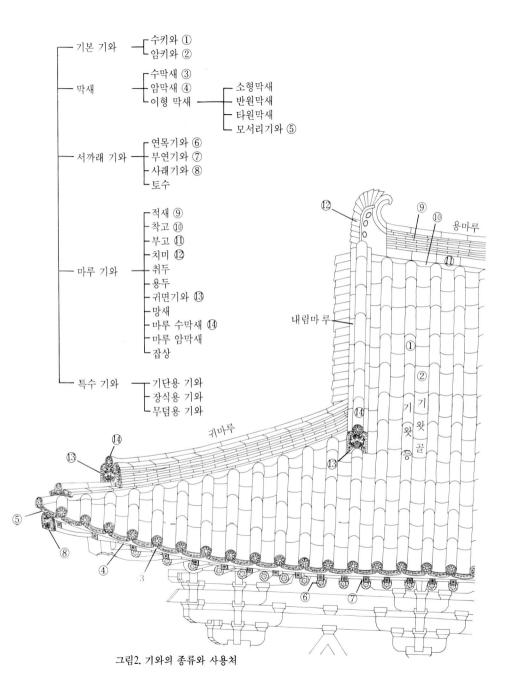

기본 기와 ┬ 수키와 ①
          └ 암키와 ②

막새 ┬ 수막새 ③
     ├ 암막새 ④
     └ 이형 막새 ┬ 소형막새
                 ├ 반원막새
                 ├ 타원막새
                 └ 모서리기와 ⑤

서까래 기와 ┬ 연목기와 ⑥
           ├ 부연기와 ⑦
           ├ 사래기와 ⑧
           └ 토수

마루 기와 ┬ 적새 ⑨
         ├ 착고 ⑩
         ├ 부고 ⑪
         ├ 치미 ⑫
         ├ 취두
         ├ 용두
         ├ 귀면기와 ⑬
         ├ 망새
         ├ 마루 수막새 ⑭
         ├ 마루 암막새
         └ 잡상

특수 기와 ┬ 기단용 기와
         ├ 장식용 기와
         └ 무덤용 기와

용마루

내림마루

귀마루

기와등

기왓골

그림2. 기와의 종류와 사용처

기본 기와

가장 기본적이고 많은 수량을 차지하고 있는 기와로 수키와와 암키와로 구분된다. 암·수키와는 목조 건물의 지붕에 이어져 기왓골과 기왓등을 형성하며 눈과 빗물의 누수를 방지하기 위하여 사용되는 것으로 가장 보편화된 일반 기와라고 할 수 있다.

수키와(圓瓦)

반원통형의 기와로 모골에서 성형된 원통 기와를 양분하여 제작하게 된다. 수키와는 지붕 바닥에 이어진 두 암키와 사이에 이어져 기왓등을 형성하게 되는데 기왓골을 이루는 암키와와 함께 많은 수량이 제작되고 있다.

수키와는 기와의 한쪽 지름이 다른 쪽 지름보다 약간 크거나 작은 토시 모양의 무단식(無段式)과 기와의 한쪽 끝에 언강이라는 낮은 단이 있어서 미구가 내밀고 있는 유단식(有段式)의 두 형태로 구분되고 있는데 보통 이것을 토수기와와 미구기와로 부르고 있다(사진 2, 3). 그런데 유단식 수키와에는 미구 앞에 빗물이 새는 것을 차단하는 절수홈이 파여 있기도 하고, 기와의 유동을 막기 위한 못구멍이 한쪽 끝에 뚫려 있는 경우도 있다.

암·수키와의 명칭은 음양의 상대적인 역할의 차이에서 비롯되었는데 예부터 수키와는 남와(男瓦), 웅와(雄瓦), 부와(夫瓦) 등으로 불리었다. 그런데 요즈음에는 수키와를 그 형태에 따라 원와(圓瓦), 환와(丸瓦) 등으로 부르기도 한다.

암키와(平瓦)

네모난 판형의 기와로, 모골에서 성형된 원통 기와를 4등분하여 제작하게 된다. 암키와는 지붕 바닥에 속면을 밖으로 향하도록 이어

사진2. 무단식 수키와 통일신라. 안압지 출토.

사진3. 유단식 수키와 통일신라. 안압지 출토.

사진4. 암키와 통일신라. 안압지 출토.

사진4-1. 암키와의 속면

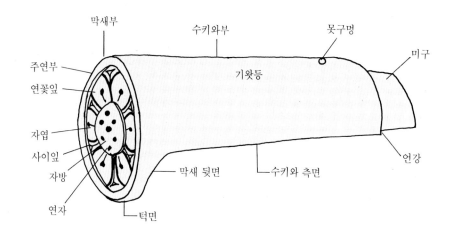

막새부　　수키와부　　못구멍

주연부　　　　　　　　　　　　　미구

연꽃잎

기왓등

자엽

사이잎

자방

막새 뒷면　　수키와 측면

연자

언강

턱면

그림3. 수막새 세부 명칭도

사진5. 연꽃무늬 수막새　백제. 미륵사터 출토.

져 기왓골을 형성하게 되는데, 두 암키와가 서로 겹칠 수 있도록 한쪽 끝의 속면을 조금씩 깎아 내어 사용하고 있다(사진 4, 4-1).

암키와는 그 명칭이 예부터 여와(女瓦), 자와(雌瓦) 등으로 불리었는데 요즈음에는 그 형태와 쓰임새에 따라 평와(平瓦), 평기와, 골기와, 바닥기와 등으로 부르기도 한다.

막새(瓦當)

암·수키와의 한쪽 끝에 문양을 새긴 드림새를 덧붙여 제작한 것으로 목조 건물의 처마 끝에 사용되는 대표적인 무늬 기와이다. 막새는 수막새와 암막새 그리고 이형 막새로 구분되고 있다.

막새는 여러 가지 문양이 새겨진 목제 또는 도제(陶製)의 와범에서 찍어 내 암·수키와의 한쪽 끝에 접합한 것으로, 각 시대와 지역에 따라 문양이 다채롭게 변화되고 제작 기법도 서로 다른 차이를 보이고 있기 때문에 당시의 문화 연구에 좋은 자료가 되고 있다.

수막새(圓瓦當)

수키와의 한쪽 끝에 원형의 드림새를 덧붙여 제작한 것으로 목조 건물의 지붕에 이어져 형성된 기왓등 끝에 사용된다(사진 5).

수막새는 막새와 수키와의 두 부분으로 이루어져 있다. 막새는 외측에 둥근 주연(周緣)이 있고 내측에 여러 가지 문양이 장식되어 있는데 그 중심부에는 둥그런 자방(子房)이 표시되어 있다. 그러나 삼국시대에 제작된 수막새의 주연부는 무늬가 장식되지 않는 소문대(素文帶)가 위주였으나, 통일신라 이후에 제작된 수막새의 주연부는 주문(珠文)이나 꽃무늬가 새겨져 시기적인 차이를 보여 주고 있다(그림 3).

우리나라의 수막새는 삼국시대부터 제작되기 시작하여 조선시대까지 계속 사용되었다. 그런데 막새의 표면에는 연꽃(蓮花), 보상화(寶相華), 귀면(鬼面), 금수(禽獸) 등의 다양한 무늬가 새겨져 다채롭게 변화되고 있는데 연꽃무늬가 주체적인 시문 단위로 채용되고 있다.

암막새(平瓦當)

암키와의 한쪽 끝에 약간 위로 휜 장방형의 드림새를 덧붙여 제작한 것으로, 목조 건물의 지붕에 이어져 형성된 기왓골 끝에 사용되고 있다.

암막새는 막새와 암키와의 두 부분으로 이루어지고 있다. 암막새는 외측에 네모난 주연부가 있는데 대부분 주문이 장식되고 있으며 그 내측에 덩굴과 같은 좌우 대칭형의 꽃무늬가 새겨지고 있다.

사진6. 무악식 당초무늬 **암막새** 통일신라. 안압지 출토.

사진7. 유악식 용무늬 암막새
통일신라. 경주 출토.

그런데 암막새는 그 턱면이 형성되고 있는 유악식(有顎式)과 형성되지 않고 있는 무악식(無顎式)의 두 형태로 구분된다. 무악식은 통일신라 초기에 제작된 암막새에서 그 와례(瓦例)가 보이고 있는데, 드림새의 폭이 뒷면에 부착된 암키와의 두께와 거의 동일하여 턱면이 별도로 돌출되지 않고 있다(사진 6, 7).

암막새는 통일신라 직후부터 본격적으로 제작되어 사용되었다. 막새의 표면에는 당초(唐草), 보상화당초, 포도당초, 화엽당초(花葉唐草), 서조(瑞鳥), 기린, 용 등의 다양한 무늬가 새겨지고 있는데 덩굴과 같이 의장된 당초무늬가 중심이 되고 있다.

이형 막새(異形瓦當)

암·수막새와는 달리 그 형태가 특이하고 사용처가 특수한 부위에 한정되고 있는 막새이다. 그런데 이형 막새는 많이 제작되고 있시는 않지만 그 종류는 다양한 편이다.

소형막새(小形瓦當)　수키와의 한쪽 끝에 조그마한 원형의 드림새를 덧붙여 제작한 것으로, 형태는 일반화된 수막새와 유사하나 그 규모가 아주 작은 막새이다.

경주에서 수집된 소형막새(사진 8)는 고신라시대에 제작된 것으로 막새의 지름이 10센티미터 안팎이며 홑잎으로 이루어진 연꽃무

사진8. 연꽃무늬 소형막새 고신라. 경주 출토. 사진9. 화엽무늬 반원막새 고구려. 평양 출토.

늬가 새겨지고 있다. 그런데 소형막새는 그 규모가 아주 작아 목조
건물의 지붕에 사용하기에는 부적당하다. 아직까지 그 사용처가
밝혀지지 않고 있으나 처마 끝에 덧붙이는 활주(活柱) 위의 차양용
이거나 건물 내부의 닫집용(唐家用)으로 사용된 것으로 추정되고
있다.

  반원막새(半圓瓦當) 원형의 수막새를 양분하여 제작한 듯한
반원형의 막새로, 우리나라에서는 고구려에서 유일하게 제작되어
사용되었다.

  막새의 둘레에 주연부가 있고 그 내측에 문양을 새기고 있는데,
뒷면에 접합된 수키와가 막새면과 사각을 이루면서 부착되어 있
다. 반원막새는 원래 중국 주시대에 원형의 수막새에 앞서 나타난
것으로 반와당(半瓦當)이라 부르고 있는데, 고구려시대에 제작된
것과 서로 비교하면 형태는 유사하나 그 사용처와 수키와의 접합
수법에 있어서 차이가 나고 있다.

  고구려의 반원막새는 수면, 두꺼비 등의 동물 무늬와 연꽃, 화엽,
인동 등의 식물 무늬가 새겨지고 있는데 모두 평양 도읍기에 제작된

사진10. 기린무늬 타
원막새 통일신라.
안압지 출토.

것이다(사진 9). 반원막새의 사용처는 아직 확실하지 않으나 목조
건물의 지붕이 ㄱ자로 꺾이는 회첨(會擔)에 사용된 것으로 본다.

　　타원막새(楕圓瓦當)　　타원형의 막새로 통일신라시대에 대부분이
제작되고 있다. 막새의 둘레에 주연부가 있고 그 내측에 여러 가지
문양을 새기고 있는데 뒷면에 부착된 수키와가 막새면과 사각을
이루면서 접합되고 있어서 고구려시대에 제작된 반원막새와 서로
관련되고 있음을 알 수 있다.

　　통일신라의 타원막새에는 연꽃, 보상화, 기린 등이 다양하게 장식
되고 있는데 막새의 주연부에도 주문이나 당초무늬 등이 새겨지고
있다. 경주의 안압지에서 출토한 기린무늬 타원막새(사진 10)는
수키와가 사각으로 접합되고 있는 완전한 것으로 막새에 새겨진
기린무늬의 의장이 독특하다. 타원막새는 내림마루의 측면 처마에
사용된다는 견해가 있으나 지붕의 처마가 ㄱ자 모양으로 꺾여 있는
회첨골에 사용된 것으로 생각되고 있다.

　　모서리기와(隅瓦)　　암막새의 뒷면에 부착된 암키와를 삼각형

모양으로 절단시킨 다음에 두 암막새를 가로로 접합하여 제작한 것으로 처마 모서리에 사용된다. 그런데 두 암막새가 접합된 중심부는 약간 위로 치켜져 있고 그 좌우에는 두 암막새가 거의 직각을 이루고 있는 모습을 하고 있는데, 모서리기와의 중심부에는 별도의 수막새가 얹혀지게 된다.

모서리기와는 통일신라 직후부터 출현하기 시작했는데 그 이전에는 장방형의 암키와를 삼각형 모양으로 분할하여 사용한 것으로 보고 있다. 경주 안압지에서 출토한 모서리기와(사진 11, 11-1)는 통일신라 초기에 제작된 것으로 거의 완전한데 뒤쪽에는 당시에 사용된 굵은 못이 그대로 박혀 있다. 막새면에는 내향 대칭형(內向對稱型)의 보상화당초무늬가 새겨져 있고 이의 턱면에는 유려한 당초무늬가 장식되어 화려한 의장을 잘 보여 주고 있다.

서까래 기와

서까래의 부식을 방지하고 이의 치장을 위하여 사용되는 기와이다. 서까래 기와는 둥근 연목(椽木)에 사용되는 것과 네모난 부연(附椽)과 사래에 사용되는 것 등으로 구분되고 있는데 기와의 형태도 원형, 방형, 원두방형(圓頭方形) 등으로 서로 다른 모습을 보이고 있다.

여러 서까래 기와 가운데에서 가장 많은 수량을 차지하고 있고 서까래 기와를 대표하고 있는 것은 둥근 연목에 사용되는 연목기와이다. 서까래 기와는 대부분 막새 모양으로 제작되고 있지만 뒷면에 암·수키와와 같은 기본 기와가 부착되지 않고 그 중심부에 못을 박아 고정시킬 수 있는 못구멍이 뚫려 있음이 주요한 특징이다. 그런데 서까래는 지붕의 처마 끝에 노출되고 있기 때문에 빗물에

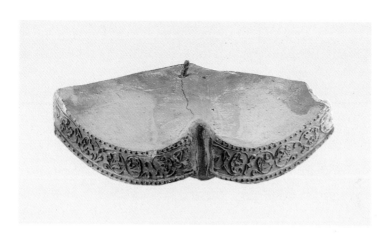

사진11. 보상화당초무늬 모서리기와 통일신라. 안압지 출토.(맨 위)
사진11-1. 보상화당초무늬 모서리기와의 뒷면(위)

사진12. 녹유 연꽃무늬 연목기와 백제. 미륵
사터 출토.

사진13. 녹유 연꽃무늬 부연기와 통일신라. 경주 출토.

부식될 염려가 많아서 일찍부터 기와를 사용하여 그 끝을 막음하거
나 주칠 또는 단청을 칠하여 이를 보호하고 있었음을 알 수 있다.

연목기와(椽木瓦)

둥글고 긴 연목 끝에 사용되는 기와로 수키와가 부착되지 않은
수막새와 거의 유사한 원형의 기와이다. 그러나 연목기와는 주연부
가 생략되어 있으며 중심에 위치하고 있는 자방(子房)에 못구멍이
뚫려 있다. 못구멍은 원형과 방형으로 뚫려 있는데 방형의 못구멍이
많은 편이다.

연목기와는 삼국시대부터 제작되어 사용되고 있는데 백제시대에
특히 성행했으며 통일신라시대를 거쳐 고려시대까지 계속 사용되었
다. 연목기와에 새겨진 문양은 연꽃, 보상화, 귀목(鬼目) 등으로
당시에 함께 제작된 수막새의 무늬와 거의 일치하고 있다.

익산 미륵사터에서 출토한 녹유 서까래 기와(사진 12)는 연목용
으로 삼국시대에 제작된 여러 기와 가운데 유일하게 녹유를 칠하여

제작한 것으로 중요시되고 있다. 이 기와는 백제 후기인 7세기 초반경에 제작된 것으로 연꽃잎 안에 인동무늬자엽(忍冬文子葉)이 새겨져 있고, 넓은 자방의 외측은 꽃술대가 배치되고 있다. 그리고 자방에는 7과의 굵은 연자(蓮子)가 시문되고 그 중심에 방형의 못구멍이 뚫려 있는데 턱면에는 톱니무늬(鋸齒文)와 주문이 새겨져 있어서 이채롭다.

부연기와(附椽瓦)

연목 끝에 덧얹는 네모지고 짧은 서까래인 부연 끝에 사용되는 방형의 기와이다. 기와집의 겹처마를 형성하는 연목과 부연은 각각 둥글고 네모져 그 끝을 막음하는 기와의 모양도 서로 차이가 나고 있다.

부연기와는 삼국시대 말부터 제작되기 시작하여 고려 중기까지 계속 사용되고 있는데 출토예가 소수에 지나지 않고 있다. 부연기와에 새겨진 문양은 연꽃, 보상화 등인데 비교적 간략하게 표현되고 있다. 경주의 절터에서 출토한 부연기와(사진 13)는 통일신라 중기에 제작된 것으로 4잎과 8잎의 연꽃무늬가 각각 새겨져 있는데 발색이 좋은 녹유가 전면에 칠해져 있다.

사래기와

추녀 끝에 잇대어 댄 네모닌 사래 끝에 사용하는 기와이다. 사래는 다른 서까래보다 비교적 큰 편이며 원두방형의 큰 규모로 기와가 제작되고 있다. 사래기와는 삼국시대 후기에 출현하여 고려시대까지 계속 사용되고 있는데 삼국시대에는 연꽃무늬(사진 14)가 주문양으로 새겨졌으나 통일신라 직후부터는 귀면무늬로 대체되어 크게 유행하게 된다.

경주 안압지에서 출토한 귀면무늬 사래기와(사진 15)는 원두방형

사진14. 연꽃무늬 사래기와　고신라.
황룡사터 출토.

사진15. 귀면무늬 사래기와
통일신라. 안압지 출토.

으로 주연부에 꽃무늬가 새겨지고 그 내측에 귀면이 무섭게 의장되고 있는데 이마의 중심에는 둥근 못구멍이 뚫려 있다. 귀면이 새겨진 사래기와는 마루 끝에 사용되는 귀면기와와 거의 같은 모양인 원두방형인데 그 하단부에 반원형의 홈이 파여 있으면 마루용이고, 홈이 파여 있지 않는 편편한 대상(臺狀)이면 사래용으로 사용처에 있어서 서로 다른 차이를 보이고 있다. 그런데 고려 후기부터는 원두방형의 사래기와가 제작되지 않고 사래에 암키와 1매를 세워 못으로 박거나, 괴수 모양의 토수(吐首)를 별도로 만들어 사래 끝에 끼워 그 부식을 방지한다.

토수
처마 모서리에 돌출된 서까래인 추녀 끝이나 사래 끝에 끼워져

사진16. 경복궁 사정전의 토수 처마 모서리의 사래 끝에 장식된 토수이다. 토수는 보통 이무기나 잉어와 같은 모습인데 경복궁 사정전의 토수는 어룡형(魚龍形)으로 조각되어 이채롭다. 조선.(오른쪽, 아래)

사용되는 독특한 형태의 기와이다(사진 16).

토수는 고려 후기부터 출현한 것으로 생각되고 있는데 앞쪽은 이무기나 잉어와 같은 형상으로 조각되었고 뒤쪽은 서까래 끝에 덧씌워질 수 있도록 큰 구멍이 나 있다. 따라서 토수는 서까래 기와의 일종이지만 서까래 끝에 못을 박아 부착되지 않고 덧씌워지기 때문에 다른 서까래 기와와 차이를 갖고 있다.

토수는 대개 궁전이나 관아 건물에 사용되고 있는데 와제품(瓦製品) 이외에 가끔 귀면이나 꽃무늬를 새긴 구리판(銅板)을 사용하기도 한다.

마루 기와

마루는 지붕의 모양에 따라 차이가 있으나 용마루(종마루), 내림마루(합각마루), 추녀마루(귀마루), 박공마루 등으로 구분되고 있다. 그런데 각 마루의 치장과 반전(反轉)은 처마의 곡선과 함께 우리 나라의 목조 건축미를 잘 나타내 주고 있는 주요한 특징이 되고 있는데 일찍부터 마루에 사용되는 여러 종류의 기와가 다양하게 발달하여 왔다.

마루 기와는 마루 축조용과 마루 장식용으로 구별되고 있다. 마루 축조용은 각 마루를 쌓아올리는 데 사용되는 것으로 적새, 착고, 부고 등으로 나누어지는데, 대개 기본 기와인 암·수키와를 그대로 사용하고 있거나 그 일부를 절단하여 변형시켜 사용하고 있다(그림 4).

그리고 마루 장식용은 마루 끝에 삽입되거나 그 위에 얹혀져 장식적인 효과를 나타내는 것으로 치미, 취두, 용두, 귀면기와, 망새, 잡상 등으로 다양하게 나누어지며, 각 마루에 사용되는 위치에 따라

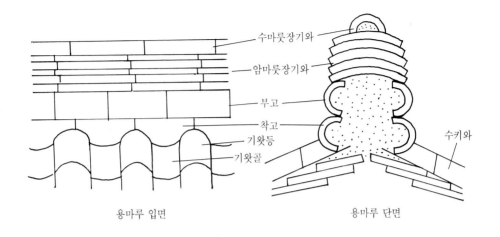

수마룻장기와

암마룻장기와

부고

착고

기왓등

기왓골

수키와

용마루 입면   용마루 단면

그림4. 용마루의 기와

그 모양이나 명칭이 각각 다르다. 그런데 마루 기와는 각 마루의 곡선과 반전을 강조하기 위하여 사용되는 일종의 장식적인 성격을 지녔다고 할 수 있는데 치미, 취두, 용두, 귀면기와 등은 길상과 벽사적(辟邪的)인 성격을 동시에 갖고 있어서 마루 기와의 특성을 잘 나타내 주고 있다.

적새(積瓦)

지붕의 각 마루를 쌓아올리는 기와로 대개 암키와를 세로로 반절하여 사용하거나 원형 그대로를 이용한다.

적새는 암마룻장 또는 암마룻장기와라고도 부르고 있는데 암키와의 속면을 밑으로 하여 몇 겹으로 층을 이루면서 쌓아올리는데 그 사이에는 얇게 진흙을 깔고 있다. 그런데 용마루 끝에는 그 반전을 돋보이기 위해 적새를 몇 장 더 얹기도 한다. 그리고 때로는 마루의

사진17. 착고 통일신라. 안압지 출토.

상단에 별도로 완형의 수키와를 얹어 마루의 미관을 돋보이게 하고
있는데, 이 수키와를 수마룻장 또는 수마룻장기와라고 부른다.

착고(着固)

적새나 부고 밑의 기왓골을 막음하는 기와로 수키와의 양쪽을
알맞게 절단하여 사용하고 있다. 암·수키와를 지붕에 이으면 용마루
를 비롯하여 각 마루에 연결되는 부분인 기왓골 상단에는 일정한
공간이 생기게 되는데, 이를 막는 기와를 착고 또는 착고막이라
한다.

착고는 대개 그 양끝이 기왓등을 이루는 수키와와 맞물릴 수 있도
록 옆으로 세워 놓는데, 수키와가 소성되기 이전인 날기와(生瓦)
일 때 양끝과 측면 일부를 잘라 내어 성형하게 된다. 그런데 고려시
대부터는 완형의 수키와를 적당히 잘라 내어 지붕에 기와를 이을
때 사용하기도 한다.

경주 안압지에서 출토한 착고(사진 17)는 수키와의 양끝과 그 측면의 일부를 잘라 내어 제작한 것인데 통일신라 직후에 사용된 대표적인 착고라고 할 수 있다.

부고

착고 위에 잇대어 옆으로 얹혀지는 기와로 완형의 수키와를 그대로 사용하고 있다. 대개 작은 기와집에는 부고가 사용되지 않고 적새가 곧바로 각 마루에 얹혀지고 있으나 큰 규모의 건물에는 마루를 높게 하고 그 미관을 돋보이게 하기 위하여 부고를 사용하고 그 위에 적새를 얹고 있다.

치미(鴟尾)

용마루의 양쪽 끝에 사용되는 큰 조형물로 그 형태가 매우 특이하다. 치미의 밑부분은 용마루 위에 얹을 수 있도록 대개 반원형의 홈이 파여 있고 측면에는 몸통과 깃부분을 구획하기 위하여 굵은 돌대를 두고, 그 안쪽에는 가는 선이나 변형된 꽃무늬를 배치하고 있으며 바깥쪽에는 날개깃이 층단을 이루고 있다. 그리고 치미의 앞면에는 굴곡된 능골(稜骨)이 반전되어 있으며 뒷면에는 문양을 생략하거나 연꽃무늬나 귀면무늬를 새기고 있다.

치미의 기원에 대해서는 여러 가지 설이 있으나 길상과 벽사의 상징인 봉황새에서 비롯된 것으로 중국의 한나라 때는 반우(反羽), 진(晉)나라 때는 치미, 통일신라 때는 누미(樓尾) 등으로 불렀다.

고구려의 치미는 4, 5세기경에 조영된 고분 벽화에 이미 나타나고 있으며 평양의 고구려시대의 건물터에서 약간씩 출토하고 있다. 백제에서는 부여의 부소산 절터와 미륵사터에서 출토된 치미가 있으며 고신라의 치미로는 황룡사터에서 출토한 대형 치미(사진 18, 18-1)가 대표적이다.

사진18. 치미　고신라. 황룡사터 출토.(위)
사진18-1. 치미에 감입된 사람 얼굴.(오른쪽)

황룡사터에서 출토한 치미는 높이가 186센티미터, 폭이 88센티미터 정도로 매우 큰데, 양 측면과 뒷면에는 손으로 빚어 만든 연꽃과 사람 얼굴을 감입시키고 있는 독특한 모습을 하고 있다. 그런데 사람 얼굴에는 턱에 수염이 표시된 것과 없는 것으로 남녀를 구별하고 있는데 귀면과 같은 벽사적인 성격을 지녔다고 할 수 있다.

통일신라의 치미는 그 양 측면에 변형된 4잎 꽃무늬를 배치하고 층단을 이룬 날개깃만을 조각한 단순한 형식이 유행했는데, 고려 중기 이후에 용두, 취두 등의 새로운 장식 기와가 나타나 이를 대체하면서 치미가 점차 사라지게 되었다. 따라서 조선시대의 기와집에는 치미 대신에 취두나 망새(望瓦)가 장식된다.

취두(鷲頭)

용마루의 양쪽 끝에 얹혀지는 조형물로 괴상하게 생긴 새머리 모양(鳥頭形)을 하고 있다. 짧은 부리는 커다랗게 벌리고 있거나 다물고 있는데 머리 위는 뿔모양으로 솟아 있는 혹이 높게 달려 있으며 뒷면과 측면에는 귀면이나 용이 새겨지고 있다. 그런데 크게 벌리고 있는 부리는 용마루를 삼킬듯이 물고 있는 모습이고, 다물고 있는 부리는 용마루 끝에 삽입되고 있는 모습으로 설치되고 있다 (사진 19).

취두는 치미 대신에 고려 중기 이후에 용두와 함께 새롭게 나타난 장식 기와의 하나로 치미와 같은 길상적인 특성을 지니고 있다.

용두(龍頭)

내림마루나 귀마루 위에 얹혀지는 조형물로 용의 머리를 무섭게 형상화한 장식 기와이다. 대개 내림마루 위의 하단부와 귀마루 위의 상단부에 잡상과 함께 사용되고 있다(사진 20).

용두는 고려 중기 이후에 나타나기 시작하여 조선시대에 매우

사진19. 덕수궁 중화전의 취두(위)와
사진20. 예산에서 출토된 용두(오른
쪽) 취두와 용두는 마루에 사용되
고 있는 장식 기와로 고려 중기 이후
에 나타난다. 취두는 새머리 모양이
며 용두는 용의 머리를 무섭게 형상
화하고 있는데 모두 길상과 벽사적인
성격을 지니고 있다. 조선.

사진21. 녹유 귀면기와 통일신라. 안압지 출토.   사진21-1. 녹유 귀면기와의 측면

성행했는데 현재 남아 있는 조선시대의 궁전이나 관아 건물에서 흔히 볼 수 있다. 그런데 고려시대에는 용두가 취두 대신에 용마루 양쪽 끝에 장식되기도 한다. 용은 상상의 동물로 무섭게 의장되고 있으며 귀면기와와 같은 악귀를 제어하는 벽사적인 성격을 지니고 있다.

귀면기와(鬼面瓦)

괴수와 같은 귀신의 얼굴을 입체적으로 조각한 원두방형의 기와 이다. 주름살 투성이의 얼굴에는 부릅뜬 눈과 들창코, 그리고 길게

사진22. 망새 조선.

찢어진 입에는 혀가 나와 있고 송곳니가 날카롭게 뻗쳐 있으며 이마에는 굴곡된 뿔이 돋아 있는 무서운 형상이다.

귀면기와는 용도에 따라 추녀가 네 귀에 있는 팔작지붕의 마루 끝에 부착되는 마루용과 귀마루 끝에 잇대어 댄 방형의 사래용으로 구분되고 있다. 마루용은 그 하단의 중심부가 반원형의 홈으로 절단되어 기왓등 위에 얹히게 되어 있고, 사래용은 그 하단이 편편하게 잘려 있다. 귀면기와는 이의 부착을 위하여 귀면의 미간 사이에 못을 박아 고정시킬 수 있는 못구멍이 뚫려 있는 것과 뒷면에 C자형의 고리가 달려 있어서 철사줄로 동여맬 수 있는 것 등 두 방법이 있다.

귀면기와는 삼국시대부터 제작되기 시작했으나 그 출토예가 드물며 통일신라시대에 이르러 매우 성행하게 된다. 그런데 통일신라시대에는 유약을 칠한 녹유 귀면기와(사진 21, 21-1)가 많이 제작되고 있는데 그 주연부와 측면에도 여러 가지의 부문(副文)을 배치하고 있다.

귀면기와는 원래 수면(獸面)을 무섭게 의장화한 것으로 악귀의 침입을 방지하려는 벽사의 상징으로 목조 건물의 네 귀에 부착하게 되었다. 따라서 귀면은 인간을 희롱하고 장난을 일삼는 잡귀신인 도깨비와 비교할 때 그 격이 다르며 의장성과 함께 특성도 서로 차이가 나고 있다.

망새(望瓦)

치미나 취두 그리고 귀면기와 등이 장식되지 않은 마루 끝 상단에 사용하는 기와로, 대개 암막새의 드림새가 위로 향하도록 거꾸로 얹어 놓는다. 망새는 망와 또는 바래기라고 부르기도 하는데 조선시대에 매우 성행하였다.

망새는 각 마루 끝에 설치하여 그 끝을 막음하는 치미나 취두 그리고 귀면기와와는 다르며, 사용되는 건물의 규모도 차이가 있다. 망새는 대부분 소규모의 건물에 사용되고 있는데, 마루 끝 상단에 암막새가 위를 향하여 거꾸로 얹혀지기 때문에 뒷면에 부착된 암키와는 각 마루를 쌓아올린 적새에 연결되며 그 위에는 다시 수마룻장기와가 놓이게 된다(사진 22).

조선시대의 망새에는 귀면무늬나 용무늬 그리고 길상 문구 등이 새겨지고 있는데 처마 끝에 사용되는 다른 암막새와 같이 그 형태나 제작 수법이 비슷하다. 따라서 망새는 별도로 제작되기도 하나, 대개 처마용의 암막새를 거꾸로 얹어 놓아 사용하고 있는 경우가 대부분이다.

마루수막새

원형의 드림새에 접합된 수키와가 긴 원통형이거나, 등이 굽은 짧은 원통형인 특이한 모습을 하고 있는 기와이다. 사용되는 위치에 따라 수키와의 하단과 뒤쪽이 약간씩 차이가 있지만, 수키와가 굽으면서 드림새가 위로 치켜져 있거나 드림새가 직각으로 꺾이며 앞면을 향하고 있는 형태가 대부분이다. 아직까지 확실한 용도는 밝혀지지 않고 있으나, 추녀 끝에 이어진 모서리기와 위나 마루용인 귀면기와의 상단에 얹혀지는 것으로 생각되고 있다.

경주 안압지에서 출토된 마루수막새(사진 23)는 통일신라시대에 제작된 것으로 연꽃잎이 이중으로 배치된 화려한 의장을 잘 보여

사진23. 연꽃무늬 마루수막새 통일신라. 안압지 출토.

주고 있다. 그런데 원형의 수막새에 등이 굽은 짧은 수키와가 원통형으로 부착되었고 그 끝이 삼각형으로 날카롭게 절단되고 있으며, 하단부는 반원형상의 홈이 파여 있어서 이채롭다. 이와 같은 기와는 내림마루나 귀마루에 사용된 귀면기와의 상단에 얹혀지는 것으로 생각되는데, 각 마루의 곡선미를 강조한 건물의 장식성에서 비롯되었다.

마루암막새

암막새가 암키와의 선단에 거꾸로 접합되고 있는 기와로 일반형인 암막새와는 서로 다른 모습을 하고 있다. 아직까지 그 사용처가 밝혀지지 않고 있으나 맞배지붕의 마루 끝에 적새와 함께 엎어져 사용되는 것으로 추정되고 있다.

경주 안압지에서 출토한 마루암막새(사진 24)는 막새가 암키와의

사진24. 당초무늬 마루암막새 통일신라. 안압지 출토.

속면 쪽을 향하여 접합되어 있고 암키와의 중심부에 타원상의 구멍
이 뚫려 있어서 이채롭다. 이 기와는 통일신라 중기에 제작된 것으
로 보상화당초무늬가 새겨지고 있는데 타원상의 큰 구멍은 마루에
얹혀졌을 때 고정홈으로 이용된 것으로 생각되고 있다.

잡상(雜像)

내림마루나 귀마루 위에 한 줄로 앉히는 여러 가지 모양의 조상
(彫像)으로, 건물을 수호하고 각 마루를 장식하기 위하여 사용된다
(사진 25).

잡상은 중국 명나라의 영향을 받아 조선시대부터 매우 성행하게
되는데, 대부분이 궁전이나 관아 등의 큰 건물에 사용되고 있다.
잡상은 대개 맞배지붕이나 우진각지붕인 경우는 내림마루 위에,
팔작지붕인 경우는 내림마루를 제외한 귀마루에만 사용되고 있는데
용두와 함께 그 수효가 3, 5, 7, 9, 11상(像)으로 배치된다. 그런데

사진25. 덕수궁 함녕전의 잡상 귀마루 위에 용두와 함께 7상의 잡상이 한 줄로 얹혀
있다. 잡상은 건물을 수호하고 마루를 장식하기 위하여 사용되고 있는데 그 모습이
신선, 법승, 괴수 모양으로 제작되고 있어서 흥미롭다. 조선.

잡상의 개수는 건물의 규모에 따라 차이가 있으나 대부분 3, 5, 7, 9의 홀수로 배치되고 경복궁의 경회루는 11상을 배치하고 있다.

잡상은 진흙을 재료로 손으로 직접 조각하여 구운 것인데 신선, 법승(法僧), 기인, 괴수 등의 모습으로 제작되고 있어서 이채롭다. 그런데 「상와도(像瓦圖)」라는 옛책에는 마루 끝부터 배치되고 있는 잡상의 명칭이 대당사부(大唐師父), 손행자(孫行者), 저팔계(猪八戒), 사화상(獅畫像), 이귀박(二鬼朴), 이구룡(二口龍), 마화상(馬畫像), 천산갑(穿山甲), 삼살보살(三殺菩薩), 나토두(羅土頭) 등으로 기록되고 있어서 흥미롭다.

특수 기와

기와가 그 본래의 목적인 목조 건물의 지붕에 이어지지 않고 특정한 장소에 사용되거나 그 용도가 전용되어 다른 목적으로 이용되고 있는 기와류이다. 특수 기와에는 담장용, 배수로용, 전탑용(塼塔用), 기단용(基壇用), 장식용, 무덤용(古墳用) 등 여러 가지가 있는데 대개 완제품인 암·수키와와 막새를 그대로 이용하거나 그 일부가 변형된 파손품을 사용하고 있다.

담장용 기와에는 담장의 축조와 담장의 지붕을 이는 암·수키와와 막새가 있는데 이미 제작된 기와를 변경시키지 않고 그대로 사용하고 있는 경우가 대부분이다. 그러나 소규모의 담장에는 작은 기와를 별도로 제작하여 담장의 지붕을 이은 예도 있다.

배수로의 축조에는 때때로 완형인 암·수키와를 사용하는 경우가 있다. 건물의 배수로는 대개 토관(土管)이나 돌 그리고 전돌 등으로 축조한 예가 많으나 몇 개의 암·수키와를 조립하여 배수구를 만들기도 한다.

한편 전탑용 기와는 전돌로 이루어진 옥개(屋蓋)의 낙수면에 이어진 암·수키와를 가리키는 것으로 이미 제작된 기와를 그대로 사용하고 있다. 기와가 낙수면에 잘 남아 있는 전탑은 경북 안동시에 위치하고 있는 동부동 5층전탑(보물 제56호)을 들 수 있는데 옥개의 낙수면에 짧은 기왓등과 기왓골이 형성되어 있다. 그런데 이 탑은 8세기경에 이루어진 통일신라의 대표적인 전탑으로 옥개의 낙수면에 기본 기와인 암·수키와가 특수 기와로 전용된 주요한 예가 된다.

기단용 기와

건축물의 기단 축조에 사용된 기와로 백제의 여러 건물터에서 확인되고 있다. 기단은 빗물의 유입을 막고 그 위에 세운 건물의 위용을 돋보이게 하기 위하여 판축(版築)된 기단토(基壇土)의 주위를 돌이나 기와 그리고 전돌 등으로 지면보다 높게 쌓아올려 치장시키는 것으로, 고대의 건축물에서 흔히 보이고 있다.

기단의 축조에는 완제품인 암키와나 깨어진 암·수키와를 사용하는 경우가 대부분인데 기와로 이루어진 기단을 와적 기단(瓦積基壇)이라고 부른다. 그 동안 우리나라에서 와적 기단이 발견된 곳은 백제시대에 건립된 부여의 군수리 절터, 정림사터, 부소산 서쪽 절터 등인데, 최근에 이르러 관북리 건물터와 금성산 건물터에서도 확인되고 있어서 당시에 상당히 성행했던 기단 축조 방법의 하나임을 알 수 있다.

금성산의 서쪽에 위치한 건물터는 전천왕사터(傳天王寺址)로 알려지고 있는데, 1989년도에 국립부여박물관에 의해 발굴 조사되어 건물터의 와적 기단이 새롭게 발견되었다(사진 26). 와적 기단은 건물터의 하층 기단에서만 확인되었는데 깨어진 암키와를 10겹 이상으로 중첩하여 기단을 높게 쌓고 있다.

사진26. 금성산 건물터의 와적 기단 깨어진 암키와를 13겹 정도 중첩하여 쌓아올린 백제시대의 대표적인 와적 기단이다. 기와는 점토 소성품으로 높은 온도로 구워지기 때문에 매우 단단한데 중첩된 기와 사이에는 진흙을 얇게 깔고 있다. 백제.

장식용 기와

건물 안팎의 특정한 부위에 기와를 삽입하여 장식적인 효과를 나타내기 위하여 사용되는 것으로, 유약이 칠해진 기와가 약간씩 제작되고 있다.

경주 안압지에서 출토한 장식용 기와(사진 27, 27-1)는 수막새의 뒷면에 짧은 원통 기와를 덧붙여 제작한 것으로, 지붕 이외의 특정한 부위에 삽입하여 사용할 수 있도록 의장되고 있다. 그런데 수막

사진27. 연꽃무늬 장식용 기와 통일신라. 안압지 출토.(위)
사진27-1. 연꽃무늬 장식용 기와의 뒷면(왼쪽)

새에는 연꽃무늬가 이중으로 배치되고 있으며 발색이 좋은 유약이
칠해져 있어 매우 화려하다. 그런데 통일신라시대에는 이 밖에도
녹유 귀면기와나 수막새 등이 약간씩 변형되어 장식용 기와로 사용
되는 예가 가끔 확인되고 있다.

무덤용 기와

분묘의 분구 위나 그 주변 그리고 무덤의 내부에서 출토하고 있는
여러 기와를 가리키는 것으로, 삼국시대부터 조선시대까지 일반화된
여러 기와가 전용되어 무덤용의 특수 기와로 사용되고 있다. 무덤용

기와는 돌무지 무덤(積石塚)의 분구 위를 이는 것과 무덤 안에 안치된 시신을 덮은 것 그리고 널방(玄室)의 바닥에 깔린 것 등 여러 가지로 구분되고 있다.

무덤용 기와는 집안 지방에 있는 고구려의 분묘에서 많이 발견되고 있다. 기와는 암·수키와와 연꽃무늬가 장식된 수막새로 구분되고 있는데, 돌로 쌓아 축조한 돌무지 무덤의 분구 위와 그 주변에서 많이 출토하고 있다. 그리고 백제에서는 한성 도읍기에 축조한 서울의 석촌동 돌무지 무덤에서 암·수키와와 막새가 출토하였으며, 신라에서는 경주의 인왕동 무덤이나 서악동 돌방 무덤(石室墳)에서 시신 위에 덮었던 기와가 약간씩 수집되었다. 그런데 서악동 돌방 무덤에서 수집된 무덤용 기와는 시신의 몸체와 다리를 덮을 수 있도록 규모가 큰 대형 기와로 제작되어 이채롭다. 그리고 시신을 덮은 이와 같은 무덤용 기와는 조선시대까지 계승되어 일부 지방에서 약간씩 사용되고 있음을 알 수 있다.

기와의 변천

    우리나라의 기와는 삼국시대부터 본격적으로 제작되기 시작하였다. 고구려의 국내성 도읍기와 백제의 한성 도읍기의 유례를 통하여 초기에 사용된 기와의 모습을 약간이나마 살펴볼 수가 있으나, 우리나라의 기와의 유래나 그 변천에 대해서는 아직까지 명확하게 밝혀지지 않고 있다.

    한반도에 기와가 처음으로 유입된 것은 중국 한의 무제(武帝)가 위만조선을 멸망(기원전 108년)시키고 한사군을 설치한 기원전 2세기에서 1세기경이라고 할 수 있는데, 이때를 전후하여 한반도의 북부 지방에 목조 기와집의 건축술이 새로 등장한 것으로 생각되고 있다. 따라서 우리나라 기와집의 역사도 중국에서의 기원과 발달 과정을 고려하지 않을 수 없으며 한사군 설치에 따른 새로운 문화의 자극에서 비롯되었음을 알 수 있다.

    낙랑의 기와는 평양의 대동강 부근에 위치하고 있는 토성리(土城里)에서 많이 출토되고 있는데 암·수키와와 수막새 등이다. 암·수키와의 표면에는 삿무늬(繩蓆文)가 새겨지고 속면에는 마포의 흔적인 포목흔(布目痕)이 남아 있는데 수키와는 언강과 미구가 있는 유단식

사진28. 구름무늬 수막새　낙랑.
평양 출토.

이 기본이 되고 있다.

　수막새는 구름, 꽃 등이 장식된 무늬 막새와 "만세" "낙랑예관
(樂浪禮官)" 등의 글씨가 새겨진 문자 막새로 구별되고 있다. 그런
데 초기의 무늬 막새는 막새면을 두 줄의 선각으로 4구획하여 구름
을 각각 배치한 중국 한의 전통을 계승한 것이 대부분이나 점차
막새면을 구획하고 있는 선각이 변형되거나 생략됨에 따라 구름무
늬가 곡선화되거나 이중으로 배치되는 장식적인 특성을 보이면서
그 의장도 점차 변화하고 있다(사진 28). 그런데 꽃무늬와 삼각무늬
가 장식된 무늬 막새는 낙랑 후기에 이르러 제작되고 있을 뿐 형식
적인 변화는 거의 찾아볼 수 없다.

　문자 막새는 "천추만세" "만세" "낙랑부귀" 등의 길상어(吉祥
語)가 새겨진 것과 "낙랑예관" "태진원강(太晉元康)" 등의 관명과
연호가 새겨진 것 등이다. 그런데 이와 같은 문자 막새도 중국 한의
전통을 이어받은 것으로 대부분이 전서체(篆書體)로 새겨져 있는

데, "낙랑예관"이나 "낙랑부귀" 등의 글씨가 새겨진 수막새가 평양의 토성리 일대에서 발견됨으로써 이 지역이 낙랑군의 치소(治所)로 확인되는 단서가 되었다.

이와 같이 낙랑의 기와는 중국 한의 기와를 계승하고 있으나, 한반도의 북부 지방에 기와가 최초로 유입되게 되는 중요한 결과를 낳게 했으며, 이에 따른 기와 제작술이 곧바로 고구려와 백제에 전파되어 우리나라 목조 기와집의 출현에 직접적인 계기가 되어 중요시되고 있다.

우리나라의 기와는 그 동안 각 시대와 지역에 따라 다양하게 변천되어 왔다. 삼국시대에는 고구려, 백제, 고신라의 삼국으로 나누어져 각각 특색있게 전개되었으나 통일신라시대에 이르러 폭넓은 복합 과정을 거치게 됨으로써 동아고와사상(東亞古瓦史上) 가장 화려하고 세련된 기와 문화를 완성시킬 수 있었다. 그러나 고려시대를 지나고 조선시대에 들어와서는 전통적인 기와의 형태가 점차 변형되고 그 제작 수법도 퇴락의 기미를 보이기 시작했는데, 조선 말기에 이르러서 전통적인 기와 제작술의 단절과 함께 우리의 고유 기와가 점차 자취를 감추게 되어 그 맥을 오늘에 잇지 못하게 되었다.

고구려 기와

고구려는 일찍부터 고대 중국과 접촉이 빈번하였고 지리적으로 서로 인접하고 있기 때문에 국내성 도읍기에 이미 기와의 제작 기술을 받아들여 백제나 신라보다 먼저 기와를 수용할 수 있었다. 고구려의 기와는 암·수키와와 수막새, 반원막새, 치미, 귀면기와, 착고기와 등으로 분류된다. 그런데 암·수키와와 글씨가 새겨진 명문(銘文) 수막새는 집안 지방에서 초기의 것이 발견되고 있으며, 불교가 전래(372년)된 4세기 후반부터 연꽃무늬가 장식된 수막새가 제작되기 시작하여 평양 천도를 전후하여 여러 종류의 기와와 함께 매우 성행하게 된다.

수막새에 장식된 문양은 구름, 연꽃, 보상화, 인동, 연화인동(蓮花忍冬), 연화귀면(蓮花鬼面), 귀면, 중권(重卷), 와선(渦線) 등 여러 가지가 있는데 연꽃무늬가 주체적이며 형식적인 변화도 가장 풍부하다. 연꽃무늬는 단판, 세판, 중판, 혼판 등 여러 양식으로 변화되고 있어서 그 의장의 다양함을 살필 수 있다.

초기의 연꽃무늬 수막새는 막새면을 선각으로 6 내지 8구획으로 나누어 연꽃잎을 각각 장식하고 자방에는 반구형의 돌기를 배치한 단판 양식이 대부분을 차지하고 있다. 그런데 6세기 중반부터는 보상화, 인동, 귀면 등의 새로운 시문 단위가 채용됨과 동시에 연꽃무늬도 단판 이외에 세판, 중판, 혼판 등의 여러 양식들이 새롭게 나타나 다채롭게 변화하고 있음을 알 수 있다. 또한 막새면을 구획한 선각이 점차 사라지고 꽃잎 모양을 한 사잇잎(間瓣)이 새로 새겨져 독자적인 모습을 보이고 있다. 그런데 고구려의 기와가 발견되고 있는 지역은 옛 도읍지였던 집안과 평양의 두 지방이 중심이 되고 있는데, 당시의 궁전과 절터 그리고 산성과 고분 등지에서 기와가 많이 발견되고 있다.

국내성 도읍기

고구려가 처음으로 나라를 세운 곳은 요녕 지방의 졸본(卒本)이었다. 현재 그곳에는 오녀산성(五女山城)이 남아 있으나 그 당시에는 기와를 사용하지 않았던 것으로 생각된다. 그러나 유리명왕 22년(서기 3)에 집안의 국내성으로 도읍을 옮기고 위나암성(尉那巖城)을 쌓았는데 이때부터 평양으로 도읍을 옮긴 서기 427년까지를 국내성 도읍기라고 부르고 있다.

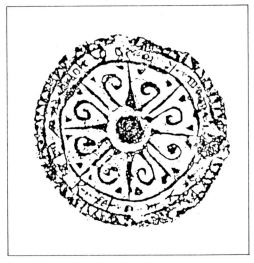

탁본1. "태녕4년"명 수막새
고구려. 집안 출토.

　두번째 도읍지인 집안의 국내성과 그 주변에서는 암·수키와와 함께 수막새가 약간씩 발견되고 있어서 고구려 초기 기와의 모습을 잘 살필 수가 있다. 수막새는 글씨가 새겨진 구름무늬 수막새(卷雲文圓瓦當)가 대표되고 있는데 "태녕4년(太寧四年)" 및 "기축(己丑)" 등의 기년명에서 고구려의 수막새가 4세기 초부터 제작되고 있음을 알 수 있다.

　"태녕4년"과 "기축"의 명문이 새겨진 구름무늬 수막새(탁본 1)는 막새의 중심에 반구상의 높은 자방을 두고 한 줄로 된 선각으로 막새면을 구획하여 구름무늬를 장식하고 있다. 또한 주연부의 내측에 명문을 새기고 있는데, 각각 서기 325년과 서기 329년경에 제작된 것으로 추정하고 있어서 고구려 기와의 연구에 매우 중요시되고 있다. 그런데 이와 같은 수막새는 막새면을 선각으로 구획하고 구름무늬를 배치하고 있고 명문의 내용도 기년(紀年), 제작자 등을 함께 새기고 있는 점이 중국 한나라 때에 제작된 수막새의 형식과 비슷하여 고구려 수막새의 제작에 중국 한의 영향이 많았음을 알 수 있다. 그리고 국내성 주변에서는 구름무늬 이외에 연꽃무늬, 귀면무늬, 인동무늬 등이 새겨진 수막새가 약간씩 출토하고 있는데 막새면을 선각으로 구획하여 연꽃무늬를 배치한 몇 예를 제외하고는 대부분이 평양 천도 이후에 제작된 기와로 생각되고 있다.

한편 집안 지방에 있는 고구려의 분묘에서는 암·수키와와 함께 수막새가 많이 발견되고 있어서 주목된다. 이 분묘들은 돌로 쌓아 축조한 돌무지 무덤과 흙으로 쌓아올린 흙무덤(封土墳)으로 나누어지고 있는데, 기와가 발견되고 있는 분묘는 대형의 돌무지 무덤에 많으며 흙무덤은 약간에 지나지 않고 있다.

기와가 발견되고 있는 대표적인 돌무지 무덤으로는 태왕릉(太王陵), 천추총(千秋塚), 장군총, 임강총(臨江塚) 등인데 기와는 분묘의 분구(墳丘) 위와 그 주변에서 출토하고 있다. 그런데 이 분묘들은 4세기 중엽에서 5세기 초반에 걸쳐 조영된 것으로 추정되고 있기 때문에 당시에 사용된 기와의 제작 시기를 어느 정도 짐작할 수 있다.

분묘에서 출토한 수키와는 언강과 미구가 있는 유단식이 대부분이며 암키와는 그 선단에 손 끝으로 누른 듯한 흔적이 남아 있으며 암·수키와의 표면에는 삿무늬가 새겨진 것과 민무늬인 것이 있다. 그리고 수막새는 대부분 주연부가 민무늬이나 그 내측의 중심에 반구상으로 높게 융기한 자방을 두고 그 주위를 두 줄 또는 세 줄의 선각으로 6칸 또는 8칸으로 나누어 연꽃잎을 각각 배치하고 있다 (사진 29). 이와 같은 수막새는 4세기 후반부터 5세기 전반까지 크게 유행하는 고구려 독자적인 막새형이라고 할 수 있는데 평양 도읍기까지 그 형식이 계승되고 있다. 그런데 태왕릉에서 출토된 수막새(사진 30)는 연꽃잎이 꽃봉오리 모양으로 변형되고 있어서 이채롭다.

국내성 도읍기에 사용된 기와는 암·수키와와 수막새에 한정되었

사진29. 연꽃무늬 수막새 고구려.(아래 왼쪽)
사진30. 연꽃무늬 수막새 고구려. 태왕릉 출토.(아래 오른쪽)

다. 그런데 이때에 제작된 기와는 대부분 회흑색을 띠고 있어서
환원염에 의하여 구워진 것으로 생각되고 있어서 평양 천도 이후에
유행하는 적색 기와와 그 소성 방법에 있어서 차이가 있음을 알
수 있다.

평양 도읍기

고구려는 장수왕 15년(427년)에 평양으로 천도하여 전성기를
맞게 되는데, 기와도 많은 변화를 겪게 된다. 평양 천도 이후는 국내
성 도읍기에 제작된 구름무늬 수막새는 거의 자취를 감추고 막새면
을 선각으로 구획하고 있는 연꽃무늬 수막새는 계속 제작되어 사용
되고 있으나 점차 그 선각이 변형되거나 생략되고 있다. 그리고
기와의 색조도 회흑색에서 적색 또는 적갈색으로 변화하여 기와를
굽는 소성 방법이 환원염 소성에서 산화염 소성으로 전환되고 있음
을 알 수 있다.

수막새는 새로운 시문 단위로 인동, 보상화, 귀면, 중권 등의 다양
한 무늬가 채용되기 시작하며, 이 문양과 연꽃이 서로 조합되어
연화인동, 연화귀면, 연화인면(蓮花人面) 등으로 다채로운 변화를

사진31. 연꽃무늬 수막새 고구려. 평양 출토.

사진32. 연꽃무늬 수막새 고구려. 평양 출토.

사진33. 귀면무늬 수막새(왼쪽)와 귀면 연꽃무늬 수막새(오른쪽) 고구려. 평양 출토.

보이고 있다. 또한 수막새에 새겨진 연꽃도 단판 이외에 세판, 복
판, 중판 등의 여러 양식이 나타나며 막새면을 구획하고 있는 선각
이 사라지는 대신에 사잇잎이 나타나며, 자방에도 선각이 새겨져
연자가 배치되는 변화를 보이고 있다. 그리고 인동무늬는 막새의

주문양으로 가끔 새겨지고 있는데 그 잎수가 6엽형과 9엽형으로 구분되고 있다(사진 31, 32, 33).

평양 도읍기의 고구려 기와는 대성산성과 청암리 절터, 정릉사, 원오리 절터, 평양 시내의 건물터 등지에서 대부분이 출토하고 있다. 그런데 대성산성에서 출토한 기와가 비교적 이른 시기에 해당되는데, 국내성 도읍기에 제작된 연꽃무늬 수막새의 형식이 약간씩 변형되어 제작되고 있다. 청암리 절터는 1탑3금당식(一塔三金堂式)의 가람 배치로 잘 알려진 사원터인데, 「삼국사기」의 기록에 나오는 금강사로 비정되고 있다. 「삼국사기」에 금강사는 서기 498년에 창건되었다고 기록되고 있기 때문에 이곳에서 출토한 기와가 평양 도읍기에 제작된 기와 편년의 기준이 되고 있어서 중요시되고 있다.

평양 도읍기에는 수막새 이외에 암·수키와는 물론 반원막새, 귀면 기와(사진 34), 착고기와, 마루수막새 등이 다양하게 제작되고 있다. 수키와는 유단식과 무단식의 두 형식이 있으나 무단식이 출토예가 많은 편이다. 암키와의 표면에는 삿무늬, 문살무늬, 꽃무늬 등이 새겨지고 가끔 절 이름이 새겨진 문자 기와도 약간씩 출토되고 있다. 반원막새는 고구려에서만 제작되고 있는 기와로 막새가 반원형의 모습을 하고 있는데 귀면, 두꺼비, 연꽃, 당초 등의 다양한 무늬가 새겨지고 있다.

사진34. 귀면기와   고구려. 평양 출토.

백제 기와

백제는 도읍지의 위치에 따라 한성 도읍기(?~475년), 웅진 도읍기(475~538년), 사비 도읍기(538~660년) 등으로 나누어져 그 역사와 문화도 각 도읍기에 따라 많은 변천을 겪게 되는데 기와도 예외는 아니다.

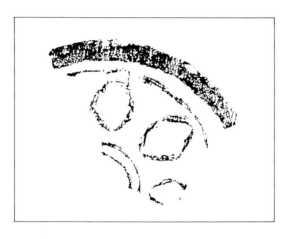

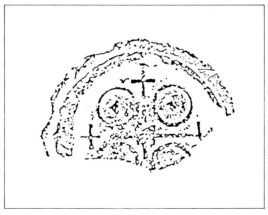

탁본2. 능형무늬 수막새 백제. 몽촌토성 출토.(맨 위)
탁본3. 원무늬 수막새 백제. 석촌동 4호분 출토.(위)

백제의 기와는 암·수키와가 많은 수량을 차지하고 있지만, 연꽃무늬가 장식된 수막새와 서까래 기와가 대표적이며 이의 특성을 가장 잘 나타내고 있다.

이 밖에 암키와의 선행 형식인 끝암키와와 치미, 마루 기와 등이 약간씩 제작되어 사용되고 있다. 그런데 이러한 여러 기와 가운데 한성 및 웅진 도읍기에는 암·수키와와 수막새의 사용에 한정된 듯하며, 사비 도읍기에 이르러 활발한 조와 활동(造瓦活動)을 전개시키면서 여러 종류의 기와가 함께 제작되어 사용된 것으로 보인다.

한성 도읍기

한성 도읍기의 기와는 암·수키와와 약간의 수막새가 알려져 있다. 그 동안 여러 차례에 걸친 발굴 조사를 통하여 서울 몽촌토성과 풍납동토성 그리고 석촌동 4호분에서 백제 기와가 약간씩 출토하였다. 백제가 한강 유역에 도읍을 정한 것이 어느 때부터인지 잘 알 수 없으나, 이 유적들이 자리잡고 있는 서울의 강남구 일대가 당시 지배층의 중심 지역이었던 것으로 생각되고 있어서, 이 유적들에서 출토한 기와가 백제 초기의 기와를 연구하는 데 매우 중요시되고 있다. 그리고 이 밖에도 서울의 광장동이나 삼성동(三城洞)에서 연꽃무늬가 장식된 수막새가 발견되었으나 모두 지표에서 채집된 자료에 불과하여 이 수막새가 백제 초기의 기와인지는 확실하지가 않다.

백제 초기의 수키와는 언강을 낮게 만든 유단식이 대부분이며, 암키와는 그 표면에 문살무늬와 삿무늬 그리고 평행선무늬 등이 새겨져 있다. 그리고 수막새는 능형문(菱形文)과 연꽃무늬 그리고 원무늬(圓文) 등이 장식된 세 종류가 있다. 능형문과 연꽃무늬가 새겨진 수막새는 몽촌토성에서 출토하고 있는데 능형무늬 수막새(탁본 2)는 절반 이상이 깨어진 작은 파손품이지만 무늬가 볼륨이 없이 선각으로 표현되고 있다. 그리고 석촌동 4호분인 돌무지 무덤에서 출토한 원무늬 수막새(탁본 3)는 막새면을 십자 모양으로 구획하여 4칸으로 만들고 그 속에 조그만 원무늬를 배치하고 있는데 그 의장이 매우 특이하다. 이와 같이 막새면을 선각으로 구획하고 있는 수막새는 중국 한나라 때 유행한 수막새의 전통을 계승한 낙랑 기와의 영향을 받아 제작된 것으로 생각된다. 그러나 무덤의 봉분 위에 기와를 이는 풍습은 고구려의 돌무지 무덤에서도 확인되고 있어서 고구려와의 관련도 시사되고 있다.

한성 도읍기에 제작된 백제 기와의 사용 시기는 단편적인 자료에 불과하여 잘 알 수 없는 상태이다. 백제에 불교가 전래되어 최초로 사원이 건립된 것이 침류왕 2년(385년)이며 「삼국사기」에 의하면 비유왕 3년(429년)에 기와에 관한 기록이 처음으로 보이고 있다. 그리고 석촌동 4호분의 축조 시기가 5세기 전후로 간주되고 있어서 백제 초기의 수막새는 4세기 후반경부터 제작되어 사용되었을 것으로 생각된다. 그런데 아직까지 당시의 궁성인 한산성에 대한 실체가 밝혀지지 않고 있기 때문에 기와의 사용 시기는 앞으로 더욱 더 소급될 수 있을 것으로 보인다.

웅진 도읍기

백제는 문주왕 원년(475년)에 웅진에 천도하였는데 기와도 점차 새로운 양상을 보이면서 변화하고 있다. 웅진 도읍기의 기와가 출토하고 있는 유적은 공산성, 대통사터, 서혈사터, 봉황동 절터 등인데 공산성과 서혈사터 이외는 발굴 조사를 거치지 않아 기와의 출토예가 약간에 지나지 않고 있다.

공산성은 백제의 웅진성으로 왕궁터의 발굴 조사를 통하여 많은 수량의 기와가 출토되었는데 사비 도읍기의 기와도 일부 포함되고 있다. 공산성에서 출토한 수막새(사진 35)는 8엽의 연꽃잎이 배치되고 있는데, 그 볼륨이 낮고 끝이 융기하고 있는 반전 수법(反轉手法)을 보이고 있다. 그리고 대통사는 「삼국사기」에 의하면 서기 527년에 창건되었는데 수막새(사진 36)에 장식된 연꽃잎이 서기 512년에 축조된 무녕왕릉의 전돌 문양과 유사하여 그 제작 시기를 짐작할 수 있게 되었다.

웅진 도읍기의 백제의 와전(瓦塼)은 공주의 송산리 6호분(宋山里 6號墳)에서 발견된 "양관와위사의(梁官瓦爲師矣)"의 명문 전돌을 통하여 알 수 있듯이 중국 남조의 영향을 받아 한성 도읍기의 수막새 형식과 전혀 다른 모습으로 전개되기 시작했음을 알 수 있다. 따라서 백제의 수막새는 웅진 도읍기에 이르러 중국 남조의 영향을 받아 제작된 새로운 기와들이 한성 도읍기에 제작된 초기의 수막새와 전혀 다른 차이를 보이면서 많은 변화를 겪게 된다. 그리고 이와 같은 기와들은 사비 천도를 전후하여 백제적인 고유한 양식을 성립시키면서 크게 발전하였음을 알 수 있다.

사비 도읍기

백제가 마지막 도읍지인 사비로 천도한 것은 성왕 16년(538년)이다. 이때부터 백제 문화가 매우 융성하기 시작하는데 도성의 안팎에는 많은 사원과 산성이 조영됨으로써 기와의 제작도 더욱 본격화된다. 기와가 가장 많이 발견되고 있는 곳은 사원터와 궁성터 그리고 산성터인데 암·수키와를 비롯하여 수막새와 서까래 기와 그리고 마루 기와 등 여러 종류의 기와류가 출토하고 있다.

수키와는 언강과 미구가 있는 유단식과 토시형의 무단식으로

사진35. 연꽃무늬 수막새 백제. 공산성 출토.
사진36. 연꽃무늬 수막새 백제. 대통사터 출토.
사진37. 연꽃무늬 수막새 백제. 부소산 출토.
사진38. 연꽃무늬 수막새 백제. 부여 동남리 출토.
사진39. 파무늬 수막새 백제. 공산성 출토.
사진40. 연꽃무늬 연목기와 백제. 정림사터 출토.

사진35

사진36

사진37

사진38

사진39
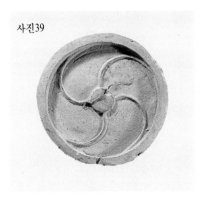

사진40

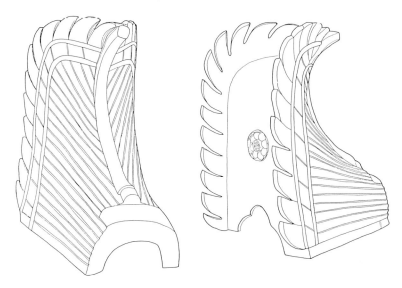

그림5. 부여 부소산 절터 출토 치미 실측도

구분되고 있다. 그리고 암·수키와의 표면에는 삿무늬, 문살무늬, 평행선무늬 등이 새겨지고 있는데 평행선무늬가 주류를 차지하고 있다. 그런데 암·수키와의 표면에 가끔 문자나 기호를 도장으로 새겨 찍은 인명 기와(印銘瓦)가 발견되고 있어서 중요시되고 있다.

인명은 간지(干支)와 지명 그리고 제작자나 제작소의 기호를 나타내고 있는데 기와뿐만이 아니라 당시의 문화를 연구하는 데 좋은 자료가 되고 있다. 간지는 정사(丁巳), 갑신(甲申), 기축(己丑), 병(丙), 인(寅), 진(辰) 등으로 기와의 편년 연구에 도움을 주고 있다. 그리고 도성 주변을 5부 5방(五部五方)으로 나누었다는 역사 기록과 관련이 있는 듯한 "상부을와(上部乙瓦)" "중부을와""하부을와" 등의 인명 기와가 발견되고 있다.

수막새는 서까래 기와와 함께 대부분 연꽃무늬가 장식되고 있는데, 가끔 파무늬(巴文)나 민무늬의 것도 있다. 연꽃무늬 수막새는

6세기 중반까지는 웅진 도읍기의 형식을 기본으로 하고 있으나, 점차 연꽃잎의 반전 수법이나 자방의 형태가 변화하여 백제적인 특성을 보이고 있다. 연꽃무늬는 꽃잎의 수가 8엽으로 꽃잎 속에 자엽이 거의 장식되지 않는 소판 위주의 단판 양식이 주류를 차지하고 있다. 연꽃잎의 형식은 그 끝이 융기하거나 반전되면서 삼각형 또는 주문상(珠文狀)으로 변화하는 세부적인 차이를 보이기도 하고 그 끝이 갈라지기도 한다. 그런데 7세기 이후부터는 부소산 절터, 왕흥사, 미륵사 등의 여러 사원들이 조성되면서 파무늬, 민무늬와 같은 새로운 시문 단위가 나타나고 연꽃잎 안에 꽃술과 인동형의 자엽이 배치되는 유문단판형(有文單瓣型)으로 새로운 장식성을 띠게 된다. 그리고 단판 양식 이외에 복판이나 중판 등의 새로운 양식이 나타나기 시작하여 다양한 변화를 보이고 있다. 그리고 사비 도읍기에는 고구려 계통의 수막새가 부여의 용정리 절터와 쌍북리 건물터에서 출토되어 고구려와의 문화 교류를 짐작케 하고 있다 (사진 37, 38, 39).

백제의 서까래 기와는 둥글고 긴 연목에 사용되는 원형의 것이 대부분이다(사진 40). 문양은 모두 연꽃무늬가 장식되고 있는데, 수막새에 배치된 연꽃과 별다른 차이가 없으며 형식적인 변화도 서로 비슷하다. 그런데 익산 미륵사터에서 출토한 녹유 연목기와 (사진 12)는 삼국시대의 기와 가운데 유일하게 녹유를 사용하여 제작한 것으로 7엽의 연꽃잎 속에 인동문자엽이 각각 정교하게 장식되고 있는 수작(秀作)이라고 할 수 있다.

이 밖에 사비 도읍기에는 치미와 마루 기와가 약간씩 제작되어 사용되고 있다. 치미는 용마루의 양끝에 장식되는 것으로 부소산 절터와 미륵사터 등 여러 곳에서 출토하고 있다. 부소산 절터에서 출토한 치미(그림 5)는 복부에 연꽃이 새겨지고 있는데 깃부분의 층단이 우근상(羽根狀)으로 표현되었고 배부(背部)의 중앙에 굵은 능골(稜骨)이 있다. 그리고 마루 기와는 내림마루 끝에 사용된 것으로 석제(石製)와 와제(瓦製)의 두 종류가 있다. 모두 표면에 몇 개의 연꽃무늬가 함께 배치되고 있는데 통일신라 이후에는 마루용의 귀면기와로 대체된다.

한편 백제의 수막새는 7세기를 전후하여 채용된 파무늬나 민무늬를 제외하고는 초기부터 연꽃무늬가 주된 문양으로 장식되고 있다. 그런데 백제의 수막새는 고구려의 수막새와 달리 그 색조가 연회색을 띠며 연꽃잎의 끝이 곡면을 이루면서 약간씩 반전되고 전체적으로 부드럽고 단아한 맛을 주고 있는 점이 주요한 특색이라고 할 수 있다. 그런데 이와 같은 독자적인 막새형은 당시 고신라의 와전 문화와 일본의 아스카 문화에 직접적인 영향을 끼치게 되어 백제 계통이라고 부르는 새로운 유형을 낳기에 이른다.

고신라 기와

신라는 삼국기의 신라 곧 고신라시대와 백제와 고구려를 멸망시킨 이후의 통일신라시대로 구분되고 있다. 그런데 기와의 형식과 그 시문 단위도 두 시대에 따라 많은 차이가 나고 있는데, 통일신라시대에 이르러 우리나라의 기와 문화가 화려하게 개화하게 된다.

신라에 언제부터 기와가 유입되어 사용되었는지 확실치 않다. 「삼국사기」의 '지마니사금(祇摩尼師今) 11년(122년)조'와 '조분니사금(助賁尼師今) 4년(233년)조'에 보이는 기와나 옥와(屋瓦) 등의 기록을 통하여 기원후 2, 3세기경부터는 당시의 궁성 건축에 암·수키와가 제작되어 사용되었을 것으로 추정된다. 그러나 이와 같은 사실은 기록상의 추정일 뿐 실제로 그 당시에 기와를 사용했는지는 확실히 규명되지 않고 있다. 그런데 5세기경에 제작된 암·수키와가 경주의 반월성, 명활산성, 인왕동 고분 등지에서 출토하고 있어서 불교가 전래되기 이전에 이미 기와가 유입되어 사용되었음을 알 수 있다.

신라에서 연꽃무늬가 장식된 수막새가 본격적으로 제작되어 궁궐이나 사찰 건축에 사용된 시기는 불교가 공인(528년)되고 흥륜사, 황룡사 등의 큰 사원이 조영되기 시작한 6세기 전반경부터이다. 신라는 이 무렵에 고구려와 백제의 기와 제작술을 받아들여 형식적으로 서로 다른 두 계통의 복합 과정을 거치면서 6세기 후반부터는 연꽃잎의 내부에 능선이 새겨지고 그 끝이 둥글게 마무리되었거나 융기하고 있는 독자적인 막새형을 개발하게 된다.

고신라의 기와는 그 도읍지인 경주에서 대부분이 출토하고 있다. 기와가 출토하고 있는 유적은 월성, 명활산성, 황룡사, 흥륜사, 영묘사, 인왕리 절터, 기와 가마터 등지로 고신라시대에 조영된 건물 터가 중심이 되고 있다. 그런데 최근에는 반월성 주변과 황룡사터 발굴 조사에서 많은 수량의 고신라 기와가 출토됨으로써 당시의 기와 연구에 많은 자료를 제공하고 있다.

고신라시대에는 암·수키와와 막새 그리고 사래기와와 치미, 귀면 기와 등의 마루 기와가 제작되었다. 또한 이 밖에도 소형막새가 약간씩 제작되어 사용된 것으로 보인다. 수키와는 무단식과 유단식이 함께 제작되고 있는데 고신라시대에는 무단식이 비교적 많은 편이고 통일신라시대에는 유단식이 중심이 되고 있다. 그리고 암·수키와의 표면에는 삿무늬, 평행선무늬, 문살무늬 등이 새겨지고 있는데 통일신라시대와 마찬가지로 평행선무늬가 많이 새겨지고 있다.

수막새에는 연꽃, 원권(圓圈), 귀면, 사람 얼굴(人面) 등이 장식되고 있는데 연꽃무늬가 주류를 이루고 있다. 그런데 연꽃무늬는 단판(單瓣), 복판(複瓣), 중판(重瓣), 세판(細瓣) 등의 여러 양식으로

사진41

사진42

사진43

사진44

사진45

구별되고 있으나 단판형이 가장 기본을 이루고 있고, 그 밖의 양식은 7세기 전반경에 이르러 나타나기 시작한다.

단판형의 연꽃무늬 수막새는 고구려계와 백제계 그리고 신라 독자적인 막새형으로 구분되고 있어서 고신라 기와의 성립 과정을 잘 살펴볼 수가 있다.

고구려계의 막새형은 고구려의 영향을 받아 제작된 것으로 연꽃 잎의 폭이 좁고 그 끝이 날카로운 협판계(狹瓣系)인데 대개 6, 7엽의 연꽃잎이 장식되고 있다. 경주 황룡사터에서 출토한 수막새(사진 41)는 7엽의 연꽃잎이 장식되고 있는데 그 폭이 매우 좁고 끝이 날카로워 고구려의 막새형과 서로 닮고 있다. 이 수막새는 6세기 중반경에 제작된 것으로 추정되고 있는데 고구려의 영향을 받아 제작된 대표적인 기와이다.

백제의 영향을 직접 받아 제작된 백제계 막새는 연꽃잎의 폭이 비교적 넓고 그 끝이 치켜 올라가는 듯한 반전 수법(反轉手法)을 보이고 있는 활판계(闊瓣系)인데 6세기 초반부터 제작되고 있다.

백제계 막새형은 대부분 8엽의 연꽃잎이 장식되고 있는데 월성의 해자(垓字)에서 출토한 수막새(사진 42)는 백제의 웅진 도읍기에 제작된 막새형을 그대로 반영하고 있어서 그 직접적인 영향 관계를 살펴볼 수가 있는 중요한 자료가 되고 있다. 이 수막새는 공주의 대통사터에서 수집된 수막새(사진 36)와 비교하여 보면 연꽃잎의 반전 수법이나 자방의 형태가 거의 동일하여 백제의 직전 양식(直轉 樣式)에 속하고 있다. 따라서 신라에 대한 백제의 기와 제작술의 파급은 웅진 도읍기에 이미 시작된 듯하다. 그리고 이와 같은 백제

사진41. 연꽃무늬 수막새 고신라. 황룡사터 출토.
사진42. 연꽃무늬 수막새 고신라. 월성 해자 출토.
사진43. 연꽃무늬 수막새 고신라. 안강 육통리 가마터 출토.
사진44. 연꽃무늬 수막새 고신라. 황룡사터 출토.
사진45. 귀면무늬 수막새 고신라. 황룡사터 출토.

사진46. 사람 얼굴 무늬 수막새
고신라. 영묘사터 출토.

기와의 영향은 사비 도읍기에도 계속되어 안강 육통리 가마터에서 출토한 수막새(사진 43)와 같은 정제된 형식으로 변화하고 있음을 알 수 있다. 그런데 6세기 후반부터는 신라에서도 독자적인 막새형이 개발되어 통일 직후까지 주류를 이루면서 제작된다. 그러나 이때에도 백제 기와의 파급은 간헐적으로 계속되었는데 백제의 기술자인 아비지(阿非知)가 황룡사 9층탑이 건립된 7세기 전반경에 초청된 역사적인 사실은 당시의 문화 교류를 단적으로 나타낸 것이라고 할 수 있다. 그런데 7세기 전반경에 이르러서 백제계 막새형은 점차 신라화된 의장을 보이기 시작하면서 새로운 유형으로 변화하게 되는데, 이때는 백제계라는 계통성보다는 백제적인 요소를 반영하고 있는 경우가 대부분이다.

신라 독자적인 막새형은 대개 6엽이나 8엽의 연꽃잎이 장식되어 있는데, 꽃잎 안에 능선(稜線)이 새겨지고 그 끝이 둥글게 곡면을 이루면서 마무리되었거나, 치켜 올라가는 반전 수법을 보이고 있는 두 형식이 있다. 경주 황룡사터에서 출토한 수막새(사진 44)는 고구려계와 백제계의 기와 제작술을 수용한 다음인 6세기 후반경에 제작된 것으로 그 이후에 주류를 차지하면서 통일신라 직후까지 계속되고 있다.

수막새에 장식된 무늬는 연꽃말고도 원권과 귀면 그리고 사람 얼굴 등이 있으나 모두 적은 수에 불과하다. 원권무늬 수막새는 월성의 해자에서 일례(一列)가 출토되었는데 막새면의 중심에 주문을 놓고 그 주위에 둥그런 원권을 배치하고 있는 단순한 문양이다. 귀면무늬 수막새는 황룡사터에서 출토되었는데 귀면이 단독으로 장식된 것(사진 45)과 연꽃잎과 함께 장식된 것 등 두 종류이다. 그리고 사람 얼굴이 장식되어 있는 막새(사진 46)는 영묘사터에서 수집되었는데 살짝 웃는 모습에 눈, 코, 입 등이 사실적으로 묘사되고 있어서 이채롭다. 이 막새는 사람 얼굴이 음각된 목제틀에서 찍어 낸 것으로 일부가 파손되고 있지만, 뒷면에는 수키와를 부착시킨 흔적이 그대로 남아 있어서 실제로 지붕에 이어져 사용된 것임을 알 수 있다. 그런데 사람 얼굴이 장식된 기와는 이 밖에도 황룡사터에서 출토한 치미에서 보이고 있는데 귀면기와와 함께 벽사적인 성격을 지니고 있다.

고신라의 기와는 암·수키와와 수막새말고도 약간의 치미와 사래기와(사진 14) 그리고 소형막새(사진 8)가 있다. 치미는 황룡사터에서 출토한 대형 치미(사진 18, 18-1)가 대표되고 있는데 양 측면과 뒷면에 사람 얼굴과 연꽃을 번갈아 감입하고 있어서 이채롭다. 그런데 고신라의 기와는 대부분이 회흑색을 띠고 있고 높은 온도로 소성되고 있어 어딘지 모르게 세련되지 않은 투박한 중량감을 느끼게 한다.

통일신라 기와

통일신라 초기는 우리나라의 와전사(瓦塼史)에 있어서 크나큰 전환점에 해당되는 시기이다. 통일신라의 기와는 각각 특색있게 전개되고 있는 삼국시대의 전통을 계승하는 한편 성당 문화(盛唐文化)의 외연적인 자극에 따라 유례없는 복합 과정을 거치게 됨으로써 통일신라 직후부터 새로운 와전형이 곧바로 개발되어 동아고와사상(東亞古瓦史上) 최고의 수준을 차지하게 된다. 그리고 삼국시대에 거의 제작되지 않고 있던 암막새와 마루 기와 그리고 보상화무늬

사진47. "조로2년
한지벌부○○소
사 삼월삼일작강
"명 쌍록보상화
무늬 전돌 통일
신라. 안압지
출토.

전돌 등이 새로 출현하게 됨에 따라 비로소 와전의 완성 시기를 맞게 된다.

　기와의 종류도 다양하게 구분되고 있는데 시문 단위도 전대(前代)에 유행된 연꽃무늬에 국한되지 않고 보상화무늬와 당초무늬 그리고 금수 무늬 등이 다채롭게 채용되어 그 형식적인 변화가 매우 풍부하게 전개되고 있다. 그런데 통일신라의 기와는 신라가 삼국을 통일한 다음부터 사원과 궁전 건축이 본격적으로 건립되는 국가적인 조영 사업의 일환으로 활발하게 번와(燔瓦)되어 대량 생산되고 있다. 따라서 8세기 이후부터는 비교적 정형화된 기와의 모습을 살필 수 있다.

　통일신라의 기와는 그 도읍지인 경주를 비롯하여 9주 5소경이 위치한 각 지방의 행정 중심지와 선종(禪宗)의 유행으로 심산 유곡에 건립된 여러 사원터에서 출토되고 있다. 경주에서는 고신라시대에 건립된 궁궐터와 여러 사원터는 물론, 통일신라시대에 조영된 안압지, 남산성, 사천왕사, 망덕사 등의 여러 건물터에서 가장 많이 출토하고 있다. 그 가운데 안압지에서는 그 동안의 발굴 조사를

사진47-1. 쌍록보상화무늬 전돌 (왼쪽)
사진47-2. 쌍록보상화무늬 전돌의 턱면 (아래)

통하여 2만여 점의 방대한 기와가 출토되어 통일신라의 기와 연구
에 많은 진전을 보게 되었다. 그리고 서기 679년에 제작된 "의봉4
년개토(儀鳳四年皆土)"명 암키와와 서기 680년에 제작된 "조로2
년 한지벌부○○소사 삼월삼일작강(調露二年 漢只伐部○○小舍 三月
三日作康)"의 문자가 새겨진 쌍록보상화무늬 전돌(雙鹿寶相華文
塼)이 출토되어 와전의 편년 설정에 많은 도움을 주게 되었다(사진
47, 47-1, 47-2).

통일신라의 수막새는 전대에 성행한 연꽃무늬가 주체적인 시문
단위로 계승되고 있다. 그러나 통일신라 직후에 폭넓게 전개되고
있는 문화적 복합 현상에 따라 서기 680년을 경계로 단순 소박한
삼국기의 고식단판(古式單瓣)에서 꽃잎 안에 자엽이 장식되고 주연
부에 주문이나 작은 꽃잎이 가미되는 신 형식의 막새형으로 바뀌게

사진48

사진49

사진50

사진51

사진52

사진53

사진54

사진55

사진56

사진48. 연꽃무늬 수막새   통일신라. 경주 출토.
사진49. 연꽃무늬 수막새   통일신라. 경주 출토.
사진50. 연꽃무늬 수막새   통일신라. 안압지 출토.
사진51. 연꽃무늬 수막새   통일신라. 황룡사터 출토.
사진52. 연꽃보상화무늬 수막새   통일신라. 안압지 출토.
사진53. 보상화무늬 수막새   통일신라. 안압지 출토.
사진54. 가릉빈가무늬 수막새   통일신라. 안압지 출토.
사진55. 봉황무늬 수막새   통일신라. 안압지 출토.
사진56. 사자무늬 수막새   통일신라. 안압지 출토.

된다. 그리고 연꽃잎도 단판 이외에 복판, 세판, 중판, 혼판(混瓣) 등의 다양한 양식적인 변화를 보이고 있는데, 통일신라의 막새형으로 가장 대표되고 있는 것은 막새면에 연꽃잎을 이중으로 중첩시키고 있는 중판 양식이라고 할 수 있다.

단판 양식(사진 48)은 연꽃잎이 홑잎으로 구성된 꽃모양을 양식적으로 구분한 것으로 이미 삼국시대에 성행했는데, 통일신라시대에는 연꽃잎 안에 인동이나 작은 꽃잎의 자엽(子葉)이 새겨져 더욱 장식화하게 된다.

복판 양식(사진 49)은 연꽃잎의 중앙에 새겨진 능선이나 능각에 의하여 연꽃잎이 양분된 상태에서 각각 동일한 두 개의 자엽을 배치하고 있는 막새형이다. 그런데 복판 양식은 자엽의 형태에 따라 꽃술자엽형, 꽃잎자엽형, 인동무늬자엽형으로 세분되고 있다.

　세판 양식(사진 50)은 연꽃잎의 길이가 길고 그 폭이 매우 좁아 세장한 모습을 보이고 있는데 연꽃잎의 개수가 10엽 이상으로 분화된 것이다. 통일신라시대에는 연꽃잎이 16엽 이상으로 증가되어 국화꽃 모양으로 새겨지기도 한다.

　중판 양식(사진 51)은 두 연꽃잎이 종방향으로 겹쳐져 엎혀지거나 서로 엇갈리면서 이중으로 중첩되고 있는 것이다. 이것은 내측과 외측의 꽃잎 모양에 따라 단단엽형(單單葉型), 단복엽형(單複葉型), 복단엽형(複單葉型), 복복엽형(複複葉型), 단중엽형(單重葉型) 등으로 세분되고 있다. 이와 같은 중판 양식은 통일신라 중기에 이르러 가장 성행한 독자적인 양식으로 간주되고 있는데 단판 및 복판, 그리고 세판 등의 여러 양식들이 모두 흡수되어 막새면의 내외측에 각각 시문되면서 다양하게 변화하고 있다. 또한 자방에도 그 외측에 꽃술대가 새겨지기도 하며 연자가 생략된 채 작은 꽃잎이 장식되기도 한다.

　혼판 양식은 보상화무늬가 주로 외측에 장식된 채 내측에는 연꽃무늬나 인동무늬 등이 복합되고 있는 것으로 통일신라시대에 상당히 성행하였다. 안압지에서 출토된 혼판 양식(사진 52)은 보상화무늬와 복판 양식의 연꽃무늬가 조합되고 있는데 그 턱면에도 유려한 당초무늬가 새겨져 있다.

　이러한 연꽃 이외의 수막새 문양으로는 보상화, 당초, 초화(草花) 등이 있으며 서조(瑞鳥), 기린, 사자, 귀면 등 길상과 벽사를 상징하는 금수 무늬가 있다. 보상화무늬는 쌍록보상화무늬 전돌의 출현에 자극되어 통일신라 직후부터 주요한 시문 단위로 채용되고 있는데, 전통적인 연꽃잎 계통의 기와 문양을 크게 변화시키고 있다. 보상화무늬는 단판 양식이 대부분인데 4엽형, 6엽형, 8엽형으로 구분된다(사진 53).

서조는 가릉빈가(迦稜頻伽)와 봉황새 등인데 단조형(單鳥型)과 쌍조형(雙鳥型)으로 구분되고 있다. 가릉빈가는 극락 정토에 살고 있다는 상상의 새로서 그 모습이 인면조신상(人面鳥身像)으로 구현되고 있는데, 단조형으로 연꽃무늬나 구름무늬와 함께 장식된다(사진 54). 봉황새는 대부분 쌍조형으로 새겨지고 있는데 좌우 동형의 봉황이 꽃가지와 수목을 중심으로 부리를 맞댄 채 조식(彫飾)되고 있다(사진 55). 그리고 사자무늬는 입상과 좌상으로 구분되는데 입상의 경우는 날개를 부착하고 있어서 이채롭다(사진 56).

암막새는 통일신라 직후부터 쌍록보상화무늬 전돌과 동시에 제작되어 사용되었는데, 안압지 주변에 조영된 동궁터(東宮址)와 사천왕사터에서 출토된 무악식의 당초무늬 암막새(사진 57)가 가장 이른 시기에 제작된 것으로 보인다. 암막새는 그 턱면의 형태에 따라 무악식과 유악식으로 구분되고 있다. 무악식은 통일신라 직후에 제작된 초기의 암막새에서 그 유례가 보이고 있는데 드림새의 폭이 매우 좁아 뒷면에 접합된 암키와의 두께와 거의 동일하여 막새의 턱면이 별도로 노출되지 않고 있다. 그러나 유악식은 드림새의 폭이 암키와의 두께보다 두꺼워 드림새가 암키와 접합될 때는 막새의 턱면이 돌출되고 있어서 무악식과 차이를 보이고 있는데 8세기 전후하여 본격적으로 제작되고 있다.

통일신라 직후에 제작된 암막새에는 덩굴과 같은 단순한 당초무늬(사진 57)가 새겨졌으나 점차 보상화, 인동, 포도 등과 조합되어 보상화당초무늬(사진 58), 인동당초무늬(사진 6), 포도당초무늬(사진 59) 등으로 변화하여 장식적인 특성을 발휘하고 있다. 그리고 수막새에 새겨지고 있는 금수 무늬는 물론 용, 비천(飛天), 구름 등이

사진57

사진58

사진59

사진60

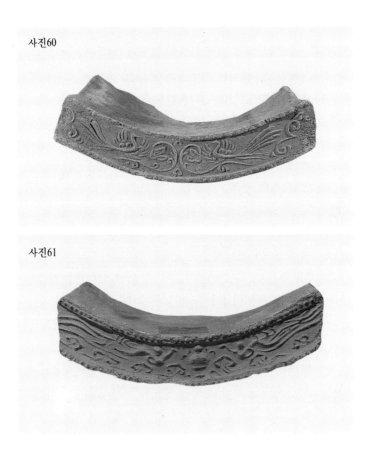

사진61

사진57. 당초무늬 암막새 통일신라. 안압지 출토.
사진58. 보상화당초무늬 암막새 통일신라. 안압지 출토.
사진59. 포도당초무늬 암막새 통일신라. 안압지 출토.
사진60. 봉황무늬 암막새 통일신라. 안압지 출토.
사진61. 비천무늬 암막새 통일신라. 안압지 출토.

다양하게 채용되고, 막새의 턱면에도 유려한 당초무늬와 새무늬가 새겨져 화려한 의장을 보이고 있다(사진 60, 61). 그런데 당초무늬는 좌우 대칭으로 장식된 것이 일반화되고 있는데 편행형(偏行型)으로 무늬가 연속적으로 배치된 것도 가끔 보이고 있다.

통일신라시대에는 암·수키와와 막새 이외에 소형막새, 타원막새, 모서리기와 등의 이형 막새류와 서까래 기와 그리고 다양한 마루 기와 등이 제작되어 사용되었다.

타원막새는 회첨골에 사용되는 것으로 연꽃(사진 62), 기린(사진 10), 보상화 등이 장식되고 있는데 당시의 수막새에 장식된 것과 거의 비슷하다. 서까래 기와는 연목기와와 부연기와 그리고 귀면이 장식된 사래기와가 약간씩 출토하고 있다. 그런데 귀면무늬 사래기와(사진 63)는 마루용인 귀면기와(사진 64)와 그 의장이 거의 닮았고 주연부와 측면에 새겨진 무늬도 비슷하다. 다만 하단부에 설정된 반원형의 홈에 있어서 차이가 있을 뿐이다. 그런데 마루용의 귀면기와에는 가끔 유약이 칠해져 화려함을 더하고 있다. 치미는 삼국기의 치미에 비하여 비교적 정형화되고 있는데 안압지에서 출토한 치미(사진 65)는 깃부분과 능골이 강조되고 있는 가운데 측면에 4엽의 꽃무늬가 장식되고 있다.

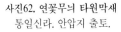

사진62. 연꽃무늬 타원막새
통일신라. 안압지 출토.

사진63. 사래용 귀면기와 통
　일신라. 경주 출토.(위)
사진64. 마루용 귀면기와 통
　일신라. 경주 신당리 출토.
　(왼쪽)

사진66. 집모양 뼈항아리 통일신라.
경주 출토.

　이상과 같이 통일신라 기와는 그 형태와 문양 그리고 사용처에
따라 다양하게 구분되고 있는데 모두가 건물을 짓기 이전에 그 사용
처를 미리 고려하여 제작된 것으로 보인다. 경주에서 수집된 집모양
뼈항아리(家形骨壺, 사진 66)나 누각무늬 전돌(樓閣文塼, 사진 67)
에서 보듯이 통일신라의 목조 건축이 매우 장려했음을 알 수 있
다. 집모양 뼈항아리의 지붕에는 치미와 마루막새가 표현되어 있고
누각무늬 전돌에는 중첩된 구름 위에 두 기와집이 세워졌는데 처마
가 반전되고 있는 가운데 용마루 양끝에는 치미가 높게 장식되고
있어서 통일신라시대의 기와집의 모습을 약간이나마 살필 수가
있다.
　통일신라 기와는 국가적인 조영 사업의 일환으로 많은 수량이
생산되었는데 여러 기와에 다양하게 채용되고 있는 문양은 단순한
미적 대상으로 장식된 것이 아니고, 평안과 번영을 소망하는 신라
사람들의 정신적인 의지를 반영한 것으로서 당시의 와공들이 고심
하여 창안한 독자적인 의장이라고 할 수 있다.

사진65. 치미 통일
신라. 안압지 출토.

치미
鴟尾
Ornamental roof tile. Gre

사진67. 누각무늬 전
돌 통일신라. 경주
출토.

고려 기와

　고려시대는 우리나라의 와전사에 있어서 또 다른 변혁을 가져왔던 시기이다. 고려 초기에는 통일신라의 전통과 고구려적인 요소를 지닌 막새형을 계승하여 제법 화려하고 세련된 기와를 생산하였다. 그런데 중기 이후부터는 취두나 용두와 같은 새로운 기와가 출현하게 되며 막새의 시문 단위도 연꽃무늬나 당초무늬에서 벗어나 귀목무늬(鬼目文)의 일색으로 변화하게 된다. 그리고 후기에 이르러서는 범자(梵字)가 막새에 새겨지게 되며 암막새의 드림새가 밑으로 늘어져 커지게 되는 새로운 모습으로 전환되고 있음을 알 수 있다. 또한 암·수키와의 표면에 타날된 고판무늬(叩板文)도 날개깃 모양의 우상무늬(羽狀文)가 중심이 되고 있는 점도 주요한 변화라고 할 수 있다.

　고려의 기와는 그 도읍지인 개성을 비롯하여 서경, 동경 등의 삼경(三京)이 위치한 평양과 경주 그리고 전국 각지의 절터에서 많은 수량이 출토하고 있다. 개성에는 당시의 궁터와 여러 산성터가 남아 있고 봉은사, 흥왕사, 흥국사, 현화사 등의 큰 절터가 위치하고 있어서 고려 기와가 가장 많이 발견되고 있는 지역이다.

　개성의 만월대는 고려의 왕궁터로 그 규모가 장대하다. 지금도 각 건물의 초석과 기단이 잘 남아 있는데 고려 전시기에 해당하는 많은 와전류가 출토되었다. 그리고 평양 지방은 고려의 별궁인 대화궁터가 있으며 고구려의 궁터로 추정되고 있는 안학궁이 위치하고 있는데 고구려적인 요소를 지닌 다양한 고려시대의 수막새가 출토되고 있어서 주목되는 곳이다.

　경주 지방은 황룡사를 비롯하여 신라시대에 창건된 여러 사원들의 법등이 꺼지지 않고 고려시대까지 계속되어 활발한 조와 활동이 이루어지고 있었다. 특히 황룡사는 고려시대에도 호국 사찰로 간주

사진68. "태평8년무진정림사
대장당초"명 암키와　고려.
정림사터 출토.

되고 있어서 중요시되었는데 최근에 실시한 발굴 조사에서 수막새
와 용두 등의 많은 기와류가 출토하였다. 그런데 고려시대에는 숭불
정책의 일환으로 전국 각지에 많은 사원을 건립하게 되었는데 기와
가 전국적으로 확산되는 주요한 계기가 되었다고 할 수 있다.

　고려시대에는 기본 기와인 암·수키와와 막새 그리고 마루 기와와
약간의 서까래 기와가 제작되어 사용되었다. 그리고 고려 중기 이후
부터는 치미와 귀면기와 대신에 취두와 용두가 새롭게 나타나기
시작하여 건축 의장의 다양한 변화를 보이고 있다.

　수키와는 유단식과 무단식이 함께 제작되었고, 암·수키와의 표면
에는 평행선, 문살, 우상(羽狀) 등의 다양한 무늬가 새겨지고 있으나
우상무늬가 주류를 차지하고 있다. 우상무늬는 생선뼈무늬(魚骨文)
로 불리기도 하는데 생선뼈무늬가 신석기시대에 제작된 빗살무늬
토기의 시문 명칭으로 이미 사용되고 있기 때문에 서로 구별하기

사진69. 연꽃무늬 수막새 고려. 개성 출토.(아래 왼쪽)
사진70. 연꽃무늬 수막새 고려. 안학궁터 출토.(아래 오른쪽)

위하여 붙여진 명칭이다. 우상무늬는 새의 날개깃 모양으로 무늬가
집선(集線)에 의하여 형성된 것으로 때로는 문살무늬나 평행선무늬
와 함께 새겨지기도 한다. 그리고 암키와의 표면에는 절 이름이나
기년명이 새겨진 것이 있다. 부여 정림사에서 출토한 암키와(사진
68)는 우상무늬가 새겨져 있는 가운데 선각으로 네모난 구획을
두고 "태평8년무진정림사대장당초(太平八年戊辰定林寺大藏當草)"
의 문자가 새겨져 있다. 정림사는 원래 백제시대에 창건된 사원으로
당시의 절 이름은 알 수 없었으나 고려시대 중건(1028년) 때 사용
된 기와에서 밝혀진 절 이름임을 알 수 있었다.

　수막새에는 연꽃, 보상화, 모란, 귀면, 귀목(鬼目) 등이 장식되어
있고, 암막새에는 당초, 모란당초, 연꽃, 초화, 새, 귀목 등이 새겨지
고 있는데 연꽃무늬와 귀목무늬가 주류를 차지하고 있다. 이 밖에
문자와 범자가 새겨진 막새가 약간씩 알려지고 있다.

　수막새에 장식된 연꽃무늬는 통일신라시대에 유행한 단판, 복판,
세판, 중판 등의 여러 양식을 계승하고 있으나 단판과 세판말고는
적은 수에 불과하다. 고려의 도읍지인 개성에서 출토한 수막새(사진

69)는 8엽의 연꽃잎이 장식되고 있는데 꽃잎 안에 인동문자엽이 배치되고 있다. 자방은 외측에 꽃술대를 그리고 내측에 이중으로 된 꽃모양이 있으며 그 안에 굵은 연자를 배치하고 있어서 통일신라 후기의 막새형을 계승하고 있음을 알 수 있다. 그런데 평양의 안학궁과 논산의 개태사 그리고 개성 일대에서는 고구려적인 요소를 지닌 수막새가 많이 발견되고 있어서 주목된다. 대개 6엽과 8엽의 단판 양식의 연꽃무늬가 장식되고 있는데 꽃잎의 볼륨이 두텁고 그 끝이 날카로우며 자방은 연자가 생략된 채 반구상으로 돌출되고 있다(사진 70). 이러한 막새형은 고구려 기와에서는 행인형(杏仁形)으로 분류되고 있는데 약간의 차이를 제외하고는 서로가 비슷하다.

이와 같이 고려시대에 고구려적인 연꽃무늬를 계승하고 있는 점이 고려 기와의 특색이 되고 있다. 고구려가 멸망한 다음인 통일신라시대에도 평양을 비롯한 우리나라의 중부 지방에 고구려의 막새형이 계속되었던 것으로 보이며, 고려가 이 막새형을 능동적으로 수용한 것으로 보고 있다. 따라서 고려 초기의 수막새는 통일신라계와 고구려적인 요소를 지닌 행인형의 두 계통이 있었음을 알 수 있다.

고려시대의 암·수막새의 문양으로 가장 대표되고 있는 것은 귀목무늬이다. 이 문양은 반구형의 돌기와 같은 단순한 의장인데 고려 중기부터 돌발적으로 나타나기 시작하여 전국 각지로 퍼져 매우 성행하게 된다(사진 71, 72).

귀목무늬는 수막새의 중심과 암막새의 좌우측 중심부에 둥그런 테두리를 두르고 1, 2개를 각각 높게 돌출시키고 있는데, 귀면기와의 눈과 비슷하여 귀목무늬라고 부르는 명칭이 일반적으로 붙게 되었다. 그런데 귀목무늬는 때로는 일휘무늬(日暉文), 휘안무늬(暉眼文), 사목무늬(蛇目文) 등으로 부르고 있는데 그 성격과 유래에

사진71. 귀목무늬 수막새 고려. 황룡사터 출토.(맨 위)
사진72. 귀목무늬 암막새 고려. 광주 무진 고성 출토.(위)

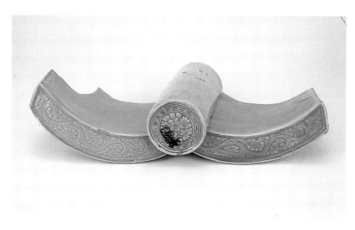

사진73. 범자무늬 수막새 고려. 운주사터 출토.(맨 위)
사진74. 청자 양각 모란당초문 기와 고려.(위)

대해서는 아직까지 밝혀지지 않고 있다. 그러나 귀목무늬는 그 의장성에서 귀면의 눈이나 연꽃무늬 수막새의 자방에서 유래했다는 설과 고려시대에 성행한 밀교의 영향을 받아 대일 여래(大日如來)를 상징하는 태양무늬(太陽文)에서 비롯되었다는 견해가 제기되고 있어서 길상이나 벽사적인 성격을 지녔을 것으로 생각된다. 그런데 귀목무늬는 그 주위에 한두 줄의 테두리를 두르고 있는 단순한 모습으로 장식되고 있는 것이 대부분인데 때로는 구름이나 꽃잎 등의 부문(副文)이나 범자와 함께 새겨지기도 한다(사진 73).

한편 고려시대에는 기와에 청자 유약을 입힌 청자 기와가 제작되어 사용되고 있어서 고려 건축의 화려함을 엿볼 수가 있다. 청자 기와는 암·수키와와 막새 그리고 서까래 기와에 한정되고 있는데 개성 만월대에서 그 조각들이 출토되고 있어서 대부분이 왕궁 건축에 사용된 것으로 보인다(사진 74). 청자 기와에 대한 문헌은 「고려사」의 '의종 11년조'에 "정자 남쪽에는 못을 파고 그 북쪽에는 양이정(養怡亭)을 지어 청자 기와를 입혔으며……"의 기록이 보이고 있다. 그런데 이와 같은 청자 기와는 전남 강진군 대구면 사당리에 위치하고 있는 고려 청자 가마터에서 많은 수량이 출토하고 있어서 그 생산 체제를 잘 파악할 수가 있다.

조선 기와

조선시대의 기와는 기능성이 강조되고 있는 반면에 장식성이나 미관성이 약화되는 전반적인 특징을 지니고 있다. 암·수막새는 직각이 아닌 둔각 상태로 암·수키와와 접합되어 있고, 드림새가 밑으로 늘어져 종타원형이나 역삼각형으로 변형되어 제작되고 있어서 지붕에 이어졌을 때 전대(前代)의 암·수막새보다 비흘림을 용이하게 하고 있다. 그리고 조선시대에는 장식적인 특성을 지니고 있는 타원 막새, 치미, 귀면기와, 마루막새, 서까래 기와, 모서리기와 등이 거의 제작되지 않고 있다. 또한 시문 단위도 단순하며, 막새의 뒷면에는 마포의 흔적인 포목흔이 그대로 남아 있기 때문에 전체적으로 기와 가 매우 투박한 맛을 풍기고 있다.

조선시대의 기와는 도읍지인 서울을 비롯하여 각 지방의 관아, 산성, 향교, 제각, 사원 등지에서 약간씩 출토하고 있다. 서울에는 당시의 궁궐인 경복궁, 창경궁, 덕수궁이 그대로 남아 있거나 일부 복원되어 조선 후기의 기와를 연구하는 데 좋은 자료가 되고 있다.

조선시대에는 암·수키와와 막새, 취두, 용두, 잡상, 망새 등의 마루 기와 그리고 사래나 추녀에 사용되는 토수 등이 제작되었다. 그러나 이러한 여러 기와 가운데 망새를 제외한 마루 기와와 토수 등은 궁전 건축이나 관아 건물에 한정되어 사용되었고 그 일부만이 사원 건축에 쓰여졌을 뿐이다. 따라서 조선시대의 일반 건축에 사용된 기와는 암·수키와 막새 그리고 암막새가 전용되어 각 마루에 이어진 망새에 불과하였다. 그런데 일반 건축에 사용된 이와 같은 기와류가 당시의 민가(民家)에까지 파급되어 사용되고 있었음이 조선시대 기와의 주요한 특색이 되고 있다.

조선시대의 수키와는 언강과 미구가 있는 유단식으로 대부분이 제작되고 있다. 암·수키와의 표면에 새겨진 고판무늬는 초기에는 고려시대에 유행된 우상무늬를 계승하고 있으나, 점차 사선과 직선 이 짧게 밀집된 기하학적인 집선무늬로 바뀌게 된다. 그리고 집선무 늬 안에 가끔 꽃잎이 배치되는 경우도 있다.

조선시대의 막새는 그 하단부가 밑으로 늘어져 전통적인 막새형 에서 벗어나고 있는데 수막새는 원형에서 종타원형으로, 암막새는 장방형에서 역삼각형으로 변형되고 있다. 또한 막새의 뒷면에는 기와를 제작할 때 사용한 마포의 흔적인 포목흔이 그대로 남아 있

사진75. 화엽·선무늬
수막새 조선.

사진76. 초화무늬 암
막새 조선.

사진77. 문자명 암막새　조선.

고, 막새의 뒷면 상단에 부착된 암·수키와의 접합도 직각이 아닌 둔각을 이루고 있어서 전통적인 기와의 제작 기법과는 많은 차이가 있다.

　막새에는 연꽃, 초화, 새, 귀면, 인면, 용 등의 여러 문양과 문자가 새겨지고 있는데 기와의 제작 수법과 함께 문양도 퇴락의 기미가 엿보인다. 수막새에 장식된 연꽃무늬는 고려시대의 세판 양식을 계승한 것이 다수를 차지하고 있으나, 단판과 중판 양식도 약간씩 제작되고 있다. 그리고 암막새에는 초화, 귀면, 용 등의 무늬가 새겨지고 있으나 이미 섬세함과 역강함을 상실하고 있다.

조선시대의 막새에는 길상 문구와 함께 기년명과 시주자의 이름이 새겨지고 있어서 중요시되고 있다. 서울의 창경궁에서는 "수(壽)"자와 "희(喜)"자가 새겨진 수막새가 수집되었고 각지의 절터에서는 기년명과 기와 생산에 따른 시주자의 이름을 새긴 암막새가 출토되고 있다. 그런데 막새에 시주자의 이름을 새기고 있는 것은 조선시대에 성행한 번와 풍습(燔瓦風習)의 하나로 당시의 사원 경제의 퇴락을 나타냄과 동시에 구복적인 의미에서 비롯된 것으로 생각하고 있다(사진 75, 76, 77).

조선 초기에는 고려 기와의 전통을 이어받아 취두나 용두 등이 계속 제작되었고 잡상, 토수 등의 새로운 장식 기와가 나타나기 시작하였다. 그리고 연목기와나 부연기와 등의 서까래 기와가 전혀 사용되지 않는 대신에 단청이 크게 유행하여 목조 건물의 장식적인 특성이 어느 정도 발휘되고 있었다. 그러나 조선시대에는 궁궐이나 관아 건물에 한정하여 다양한 기와류가 사용되었으나 그 수요가 가장 많고 전국적으로 분포하고 있었던 사원이 억불 숭유 정책으로 큰 타격을 받아 위축되었거나 폐사(廢寺)됨에 따라 큰 발전을 이룩하지 못하였다. 그리고 마지막에는 일제 침략으로 조선 왕조가 멸망함에 따라 우리나라 고유의 기와 문화가 전통적인 제작 기술의 단절과 함께 점차 자취를 감추게 되어서 그 맥을 오늘에 잇지 못하게 되었다.

기와의 생산

조와 조직(造瓦組織)

고대에 있어서 기와의 생산은 대개 궁전이나 사원 건축 등의 국가적인 조영 사업의 일환으로 실시되었다. 현재 옛기와가 출토되고 있는 곳은 궁전이나 관아 건물터 그리고 옛 성터나 절터가 중심이 되고 있어서 각 시대에 따른 기와 사용의 모습을 약간이나마 짐작할 수가 있다.

기와의 제작은 수요와 공급에 따라 그 수량이나 규모가 결정되지만, 기와의 생산에는 여러 단계의 공정을 거치게 됨으로써 일정한 조직체가 필요하다. 따라서 기와 생산을 관리할 국가적인 조와 부서(造瓦部署)와 기와를 제작할 수 있는 장소인 조와소(造瓦所) 그리고 기와를 직접 제작하는 기술자인 와공(瓦工) 등의 일정한 조직체가 한 시대를 통하여 계속 유지되었을 것으로 생각한다.

조와 부서
기와의 생산과 공급을 관리하고 있는 국가적인 조와 기구이다.

사진78. "습부"명 암키와 통일
　　신라. 안압지 출토.

고대에는 기와의 생산이 국가적인 조영 사업의 일환으로 실시되었
고 그 사용이 때로는 권위와 부의 상징으로 간주되고 있었기 때문에
기와의 수급 관계를 원활하게 조절하기 위한 국가적인 담당 부서가
있었음은 당연하다.

　　우리나라의 조와 부서는 조선시대 이외에는 잘 알려져 있지 않
다. 그런데 옛기와 가운데 "관(官)" "습부(習部)" "한지부(漢祇部)"
등의 명문이 새겨진 문자 기와(사진 78)가 제작되었고, 「삼국사
기」의 '옥사조(屋舍條)'에 골품제에 따른 기와 사용의 규제가 기록되
고 있어서 관요(官窯)로서의 생산 체제임을 잘 보여 주고 있다. "습
부"나 "한지부"라고 명문이 새겨진 기와는 경주 안압지에서 많은

수량이 출토되었는데, 신라의 6부(六部)인 이 두 부서가 통일신라 초기의 기와 생산을 담당했던 것으로 생각되고 있다.

조선시대에는 기와를 제작하여 공급한 관청으로 와서(瓦署)라는 조와 부서가 있었다. 와서는 「대전회통」에 의하면 태조 원년(1392 년)에 설치하여 고종 19년(1882)에 폐지하였는데, 그 관원으로는 종2품관에 해당하는 제조(提調) 2명, 종6품관인 별제(別提) 3명이 있었으나 1명을 감원했다는 기록이 있다. 또한 「만기요람」에도 태조 원년에 동요(東窯)와 서요(西窯)를 두었다가 이를 합하여 와서로 개칭하고 여러 관원을 배치했다는 기록이 남아 있다. 그리고 도성 안의 민가에 기와를 공급하기 위하여 와서 이외에 별와요(別瓦窯) 또는 별와서(別瓦署)가 설치되어 운영되었다는 기록이 조선 왕조의 실록에 남아 있다.

이와 같이 조선시대에는 관요 중심의 생산 체제가 위주가 되어 기와의 수급 관계를 관리하고 있었음을 알 수 있다. 그러나 이러한 관요 이외에 조선시대에는 개인이 기와를 생산하여 공급하게 된 사요(私窯)도 있었으나 소규모에 지나지 않고 있다.

조와소

기와를 제작하는 장소로 기와 제작소 또는 기와 공장을 일컫는데 와옥(瓦屋)이라 부르기도 한다. 조와소에는 기와를 만드는 작업장과 이를 굽는 가마, 점토나 땔감을 쌓아 두는 곳과 기와의 건조장이나 이의 적재 장소 그리고 와공들의 주거지 등이 있다.

조와소가 설치되는 곳은 여러 입지 조건들이 필요하다. 그것은 기와를 생산하고 공급하는 데 꼭 필요한 점토, 물, 연료 채취, 노동 력, 교통로 등으로 이외 같은 조건들을 잘 구비한 장소이어야 한 다. 그리고 가마의 형태에 따라 굴가마인 경우에는 구릉사면이라는 지형적인 조건이 뒤따르게 된다.

와공

기와의 생산과 그 사용을 담당하는 기술자로서 와장(瓦匠) 또는 와사(瓦師)라고 부르고 있다. 와공은 가마를 설치하거나 수리하는 자, 점토로 날기와를 제작하는 자, 건조한 날기와를 가마에서 구워 내는 자 그리고 완성된 기와를 사용하여 지붕을 이는 자 등 모두를 포함하고 있다.

백제시대에는 와공을 와박사(瓦博士)라고 불렀던 것 같다. 일본 「서기」에 의하면 서기 588년에 백제에서 승(僧), 사공(寺工), 노반박사(鑪盤博士), 화공(畵工) 등과 함께 마라부노(麻奈父奴), 양귀문(陽貴文), 능귀문(陵貴文), 석마제미(昔麻帝彌) 등의 와박사가 일본에 건너왔다고 기록되어 있다. 그러나 이때 일본에 건너간 네 사람의 와박사가 어떤 기술을 지닌 와공이었는지는 잘 알 수 없다. 그러나 기와를 생산하고 이를 사용하는 데 꼭 필요한 분야인 가마를 설치하고, 기와를 만들고, 구워 내고, 사용하여 지붕을 이는 기술자였을 것으로 생각되고 있다. 그런데 조선 후기에는 와공들을 기와장이로 불러 천대하였으며, 한두 사람의 와공이 기와 생산을 전담하는 등 분업화가 거의 이루어지지 않았고 그 생산 체제도 약화되어 전통적인 조와 기술의 맥이 점차 상실되기에 이르렀다.

기와의 제작

기와의 생산은 일정한 장소에 조와소가 설치된 다음에 점토의 채취와 수비, 기와 성형, 연료 채취, 기와 소성, 가마 수리, 제품 운반 등의 여러 단계의 공정을 거쳐 이루어진다. 그런데 기와의 제작에는 점토판 제작, 원통 기와의 성형과 분할, 막새 접합, 건조 등의 세분된 작업 과정이 뒤따르게 되는데, 이러한 작업 과정에서 남겨진 흔적이 당시의 제작 기법을 파악할 수 있는 주요한 관건이 되고 있다.

옛기와를 자세히 살펴보면 당시의 제작 기법을 어느 정도 파악할 수가 있다. 그러나 시대나 지역에 따라 서로 다른 차이를 보이고 있기 때문에 제작 기법이 일정하지는 않다. 우리나라에서도 삼국시대부터 조선시대까지 다양한 기와들이 생산되었고 각 시대에 따른 가마터의 조사가 약간씩 이루어지고 있지만, 기와의 제작 기법은 아직도 확실히 규명되지 않고 있다. 그런데 중국의 옛 문헌인「영조법식(營造法式)」과「천공개물(天工開物)」등에 기술된 기와 제조술(그림 6)과 우리나라의 한식 기와 제작소나 일본의 오키나와 지방에 남아 있는 전통 기와의 제조술을 참고하여 옛 기와의 제작 과정을 약간이나마 밝힐 수가 있다.

그림6. 중국 명(明)의 기와 제조술(「천공개물」에서)

암·수키와의 제작

암·수키와의 제작틀은 모골(模骨) 또는 형(型)이라고 부른다. 모골의 형태는 암·수키와에 따라 차이가 있으나 그 제작 과정은 서로 유사하다. 그런데 약간의 건조 기간을 거쳐 암·수키와로 분할하게 되는 원통 기와는 대부분이 회전대 위에 세워진 모골에 마포를 씌우고 점토판을 덧붙여 성형하게 되는데 그 크기나 형태 그리고 분할 기법에 있어서는 암·수키와가 각각 다른 차이를 갖고 있다.

원통 기와의 성형에는 모골에 길다란 점토띠(粘土紐)를 감아 올리는 것과 네모난 점토판(粘土板)을 덧씌우는 것 등 두 방법이 알려지고 있으나 점포판에 의한 성형이 일반적이다. 그리고 모골의 겉면에 마포를 씌우는 것은 모골과 점토판이 서로 붙는 것을 방지함과 동시에, 기와의 성형이 끝난 다음에 원통 기와의 내측에 있는 모골을 쉽게 들어 내기 위한 배려인 것으로 생각된다. 암·수키와는 분할되기 이전의 모습이 원통형의 토관(土管)과 비슷하다. 따라서 모골의 겉면에 덧씌워진 점토판이 원통형으로 성형된 것을 원통 기와라고 부르는데, 이 원통 기와가 4매 또는 2매로 분할됨으로써 암·수키와의 형태가 이루어지게 된다.

수키와 제작 방법(그림 7) 수키와의 제작 방법은 각 시대나 지역에 따라 차이가 있으나 대개 다음과 같은 순서로 제작되고 있다.

1. 둥근 모골을 회전대 위에 올려 놓는다. 그런데 모골의 외측에는 서로 상대하는 두 곳에 좁고 긴 막대기와 같은 분할돌대(分割突帶)가 이미 끼워져 있다. 이것은 분할의 지표가 되는 음각선 곧 분할계선(分割界線)을 원통 기와의 내측 두 곳에 나타내기 위한 것으로, 앞으로 이 분할계선을 따라 분할도흔(分割刀痕)을 넣게 된다.

2. 모골의 겉면에 마포를 씌운다. 그런데 마포의 위쪽에는 나중에 성형된 원통 기와를 들어 낼 수 있는 둥그런 끈이 달려 있다.

3. 마포를 씌운 모골의 겉면에 다시 네모난 점토판을 덧씌운다.

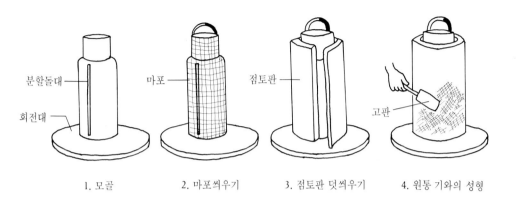

분할돌대

회전대

마포

점토판

고판

1. 모골   2. 마포씌우기   3. 점토판 덧씌우기   4. 원통 기와의 성형

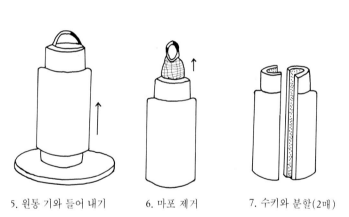

5. 원통 기와 들어 내기   6. 마포 제거   7. 수키와 분할(2매)

그림7. 수키와 제작 방법

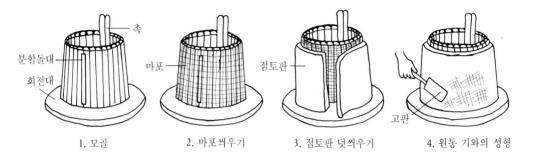

축

분할돌대

회전대

마포

점토판

고판

1. 모골   2. 마포씌우기   3. 점토판 덧씌우기   4. 원통 기와의 성형

5. 모골 제거   6. 마포 제거   7. 암키와 분할(4매)

그림8. 암키와 제작 방법

4. 덧씌워진 점토판의 표면을 네모난 방망이 같은 고판으로 두들겨 원통 기와를 성형시킨다. 이때 원통 기와의 표면에는 고판에 새겨진 평행선, 문살, 화엽 등의 여러 무늬가 새겨진다.

5. 성형된 원통 기와를 마포의 끈을 잡고 모골에서 위로 들어내 건조장으로 옮긴다.

6. 마포를 제거하고 원통 기와의 내측에 표시된 음각선 곧 분할계선을 따라 분할도흔을 넣고, 일정 기간을 건조시킨 뒤 타격을 가하여 2매의 수키와로 분할시킨다.

7. 수키와의 마무리 손질인 조정(調整)과 정면(整面) 과정을 거치고 다시 일정 기간을 건조시킨 다음에 다른 기와와 함께 가마 속에 넣고 소성되어 하나의 제품으로 완성한다.

암키와 제작 방법(그림 8)   암키와의 제작은 그 제작틀인 모골의 차이를 제외하고는 수키와의 제작 과정과 거의 유사하다. 수키와의 모골은 둥근 통나무를 이용하고 있으나 암키와의 모골은 20여 매 이상으로 이루어진 폭이 좁고 길쭉한 판자를 둥그렇게 엮어서 사용하고 있다.

1. 세장한 판자로 엮어진 모골을 회전대 위에 올려 놓는다. 그런데 모골의 외측 네 곳에는 분할돌대가 끼워져 있고, 끈으로 엮어진 모골의 양끝 상단은 촉이 짧게 위로 솟아 있다. 이것은 원통 기와를 성형한 다음에 모골을 들어 내기 위한 것으로 손잡이와 같은 역할을 하게 된다.

2. 모골의 겉면에 마포를 씌운다.

3. 마포를 씌운 모골의 겉면에 다시 네모난 점토판을 덧씌운다.

4. 점토판의 표면을 네모난 방망이와 같은 고판으로 두들겨 원통 기와를 성형시킨다. 이때 원통 기와의 표면에는 고판에 새겨진 선무늬나 꽃무늬가 다양하게 새겨지게 된다.

5. 모골의 상단에 솟아 있는 촉을 잡고 모골을 해체시켜 들어

내고, 원통 기와를 건조장으로 옮긴다.

6. 마포를 제거하고 원통 기와의 내측에 음각된 분할계선을 따라 분할도흔을 넣고 일정 기간을 건조시킨 뒤 타격을 가하여 4매의 암키와로 분할시킨다.

7. 암키와의 마무리 손질인 조정과 정면 과정을 거치고, 다시 얼마 동안 건조시킨 다음에 다른 기와와 함께 가마에 넣고 구워 내 하나의 제품으로 완성한다.

암·수키와의 제작에 따른 기와의 분할 기법이 각 시대에 따라 약간씩 차이가 나고 있다. 삼국시대와 통일신라시대에 제작된 수키와는 분할도흔이 두 측면의 내측에 모두 남아 있는 것과 두 측면의 내외측에 각각 다르게 남아 있는 유례가 확인되고 있어서 모골에 끼워진 분할돌대에서 차이가 나고 있음을 알 수 있다. 그러나 고려 후기부터 조선시대까지 제작된 대부분의 수키와는 분할도흔이 모두 두 측면의 내측에 남겨지고 있다. 그리고 고구려와 백제의 암키와는 그 내면에 포목흔과 함께 세장한 판자의 모골흔(模骨痕)이 남아 있으나 신라와 그 이후에 제작된 암키와에는 전혀 남아 있지 않아 모골의 차이도 있었을 것으로 예상되고 있다.

암·수막새의 제작

암·수막새는 와범(瓦范)이라 불리우는 원형 및 장방형의 제작틀에서 찍어 내어 각각 제작된다. 와범은 재료에 따라 석제, 목제, 도제(陶製) 등 여러 가지가 있는데 우리나라에서는 목제와 도제의 와범이 함께 사용되었다.

목제 와범은 현재까지 발견되고 있지 않지만 막새의 표면에 남아 있는 목리(木理)의 흔적에서 그 사용이 확인되고 있는데 삼국시대부터 조선시대까지 전기간을 통하여 사용된 것으로 보인다. 그리고 도제 와범은 통일신라시대의 것이 10여 점 정도 출토되고 있어서

사진79. 암·수막
새 와범 통
일신라.

당시의 제작 수법을 규명할 수가 있다. 도제 와범(사진 79)은 모두
그 무늬가 음각되고 있기 때문에 점토덩이에 찍혀진 막새는 모두
양각된 문양으로 나타나고 있으며, 하나의 와범을 통하여 똑같은
막새가 많은 수량으로 제작될 수가 있다.

　암·수막새는 와범을 고정판 위에 올려 놓고 원형이나 약간 휜
네모난 점토덩이를 위에서 눌러 찍어 내 성형시킨다. 그런데 와범에
서 성형된 막새를 빼내기 이전에 이미 제작된 암·수키와를 각각
부착시키기 위하여 막새의 뒷면 상단에 홈을 파거나 음각선을 새겨
서로 접합시키게 된다. 그런데 접합부의 내외측에는 조금의 보토
(補土)가 필요하며 마무리를 위한 약간의 손질과 정면 과정이 뒤따
르게 된다. 그리고 암·수키와가 부착된 다음에 암·수막새에서 와범

을 위로 향하게 하여 **빼내고**, 일정 기간을 건조시킨 뒤 가마 속에 넣고 소성시킨다. 그런데 조선시대의 암·수막새는 막새의 뒷면에 포목흔이 그대로 남아 있어서 전통적인 제작 기법과 차이가 있음을 알 수 있다. 막새의 뒷면에 포목흔이 남아 있는 것은 고정판 위에 마포를 깔고 그 위에 점토덩이를 올려 놓은 뒤 와범을 손으로 잡고 위에서 눌러 성형시킨 차이에서 비롯된 것으로 생각되고 있다.

암·수막새는 그 표면에 새겨진 여러 문양의 형식 변화도 중요시되고 있지만, 그 제작에 따른 암·수키와의 접합 기법이나 정면 수법 (整面手法) 등이 각 시대나 지역에 따라 서로 다른 차이를 보이고 있기 때문에 기와의 연구에 있어서 매우 중요한 자료가 되고 있다.

기와의 소성(燒成)

날기와(生瓦)가 제작되어 얼마 동안의 건조 기간을 거친 다음에 이 기와는 가마 속에 넣고 구워져 하나의 제품으로 완성된다. 기와의 소성은 가마의 형태나 구조 그리고 소성 시간이나 온도에 따라 차이가 나고 있으나 겨울철의 동파를 막기 위해 대개 섭씨 1000 도 이상의 높은 온도에서 구워진다.

기와의 소성법에는 환원염 소성(還元焰燒成)과 산화염 소성(酸化焰燒成)의 두 가지가 있다. 환원염 소성은 기와를 굽는 과정에서 아궁이와 연도(煙道)를 인위적으로 폐쇄하여 공기 곧 산소의 공급을 일시적으로 차단하여 소성시키는 방법으로 완성된 제품은 그 색조가 대부분 회흑색을 띠게 된다.

산화염 소성은 기와를 굽는 과정에서 아궁이나 연도를 폐쇄하지 않고 계속 공기를 공급하는 상태에서 소성시키는 방법으로 완성된 제품은 그 색조가 대개 적색이나 적갈색을 띠고 있다. 우리나라에서는 산화염 소성법에 의하여 구워진 평양 도읍기의 고구려 기와를 제외하고는 대부분의 기와가 환원염 소성법에 의하여 제작되었다.

공기의 공급을 차단하는 환원 상태에서 송진이나 솔가지 등을 태워 생기는 연기를 기와의 표면에 흡착시키는 훈소법(燻燒法)이 있다. 이 소성법은 날기와를 높은 온도로 굽고 난 이후에 실시하는 제2차적인 소성 기법이라고 할 수 있는데, 기와의 표면에는 연기 곧 탄소(炭素)에 의한 약간의 피막(皮膜)이 형성되게 된다. 따라서 기와는 그 색조가 회흑색 또는 짙은 흑색을 띠게 되며 강도나 방수 효과에도 유익한 것으로 생각되는데 이것은 통일신라시대에 제작된 기와와 전돌에서 흔히 보이고 있다.

기와가마(瓦窯)

기와를 소성시키는 가마(窯)는 그 형태에 따라 굴가마(登窯)와 평가마(平窯)로 구분되고 있다. 우리나라에서는 삼국시대부터 굴가마와 평가마가 함께 구축되어 기와를 소성시키고 있었으나 조선시대부터는 거의 대부분이 굴가마가 중심이 되고 있다.

굴가마는 소성실 바닥의 경사가 높고 그 형태가 길쭉한 가마로 구릉지의 경사면을 이용하여 터널식 또는 구덩식(竪穴式)으로 파 들어가 구축된 가마이다. 그런데 굴가마는 가마의 몸체가 모두 지하에 묻혀 있는 지하식과 가마의 천장과 측벽 일부가 지상에 노출되고 있는 반지하식으로 구분되고 있다.

평가마는 소성실 바닥의 경사가 거의 없는 평평한 가마로, 구릉지의 경사면에 구축된 지하식과 반지하식 그리고 평지에 세워진 지상식(地上式) 등으로 구분되고 있다. 그런데 기와가마는 소성실 바닥에 형성된 단(段)에 따라 계단식과 무계단식 등으로 다시 세분되고 있어서 다양한 모습을 하고 있음을 알 수 있다.

기와가마는 그 구조가 가마의 입구인 아궁이, 땔감을 쌓아 불을 지피는 연소실, 기와를 적재하여 구워 내는 소성실, 굴뚝과 연결되는 연도 등의 네 부분으로 이루어지고 있다. 그런데 아궁이의 앞면이나 측면에는 회구부(灰丘部)라고 부르는 일종의 퇴적층이 넓게 형성되고 있는 경우가 많다. 이 회구부는 기와를 굽고 난 이후에 가마의 내부에서 꺼낸 목탄재, 제품의 폐기물, 소토(燒土), 가마의 벽체편 등이 서로 뒤엉켜 퇴적하게 된다. 따라서 이 퇴적층은 제품의 번조(燔造)에 따라 그 층위가 구별될 수 있기 때문에 가마의 조업 횟수(操業回數)나 제품의 형식 변화의 추이를 파악하는 데 매우 중요시되고 있다.

기와 가마터

최근에 이르러 우리나라의 여러 곳에서 가마터가 새롭게 발견되거나 발굴 조사를 거치게 되어 가마와 기와의 연구에 많은 자료를 제공해 주고 있다. 그리고 가마의 생산 활동과 제품의 수급 관계(需給關係)가 약간씩 밝혀지고 있어서 당시의 문화 및 경제사적인 규명에도 많은 진척이 이루어지고 있다. 그러나 우리나라의 기와 가마터에 대한 발굴 조사는 현재까지 20여 기(基)에 지나지 않아 그 형태나 구조에 대해서는 아직 명확하게 밝혀지지 않고 있다.

백제의 기와 가마터　백제의 가마터는 마지막 도읍지인 부여 지방에 많이 분포하고 있다. 현재까지 9개 지역에서 가마터가 발견되고 있는데 왕진리 가마터 및 정암리 가마터 등의 발굴 조사를 통하여 가마의 형태와 구조를 약간이나마 밝힐 수 있었다.

백제 가마의 형태는 굴가마와 평가마로 분류되고 있다. 굴가마는 모두 지하식 가마로 소성실 바닥에 형성된 단에 따라 계단식과 무계단식으로 세분되고 있으며, 평가마는 그 구축 방법에 따라 지하식 가마와 반지하식 가마로 구분되고 있으나 굴가마와 같이 계단식과 무계단식으로 다시 세분되며 연도의 배연구(排煙口)가 2개 또는

3개로 뚫려 있는 구조적인 차이도 살펴볼 수가 있다. 그리고 제품의 수급 관계는 여러 곳의 수요처에 제품을 각각 공급하게 되는 복수 공급의 형태를 취하고 있으며, 그 조업 실태는 기와와 전돌 그리고 토기를 함께 번조한 와도겸업요(瓦陶兼業窯)의 특성을 지닌다.

부여 정동리 가마터(井洞里窯址):부여읍 정동리에 위치하고 있는데 몇 개의 지역군으로 나뉘고 있다. 한 지역군에서는 웅진 도읍기에 해당하는 문양 전돌과 명문 전돌 그리고 암·수키와와 토기편이 함께 수집되었다. 문양 전돌은 반절된 연꽃무늬가 새겨진 것과 2개의 연꽃무늬를 나란히 배치한 것 등 두 종류이며, 이 밖에 전돌의 한 측면에 연꽃과 능격무늬(菱格文)가 함께 새겨진 것이 있다. 그리고 명문 전돌은 "대방(大方)"과 "중방(中方)"의 문자가 새겨진 두 종류가 있다. 그런데 이 전돌들은 무녕왕릉을 축조한 무덤 전돌과 똑같아 그 수급 관계를 알 수 있어 중요시되고 있다(사진 80).

사진80. "대방" "중방"명 전돌 백제, 정동리 가마터 출토

사진81. 삿무늬 암키와 백제. 정동리 가마터 출토.(맨 위)
사진81-1. 삿무늬 암키와의 속면 (위)

기와는 암·수키와가 수집되었는데 그 표면에 모두 밀집된 삿무늬가 새겨져 있다. 그런데 암키와는 속면에 세장한 모골의 흔적이 그대로 남아 있어서 기와의 제작 기법을 살피는 데 좋은 자료가 되고 있다(사진 81, 81-1).

정동리 가마터의 다른 지역군에서는 사비 도읍기의 기와가 계속 생산되고 있지만, 이 가마가 웅진 도읍기에 구축된 대표적인 가마터로 공주에서 멀리 떨어진 부여 읍내에 위치하고 있다는 점에서 백제 요업사뿐만이 아니라 사비 천도를 전후한 당시의 시대적 배경과 문화의 연구에 매우 중요시되고 있다.

청양 왕진리 가마터(往津里窯址): 청양군 청남면 왕진리의 금강 서북안과 야산의 구릉지에 분포하고 있다. 이 가마터는 행정 구역상으로는 청양군에 속해 있으나 금강을 사이에 두고 서북안은 청양군이고 동북안은 부여읍에 속하고 있기 때문에 부여에서 매우 가까운 거리에 위치하고 있다. 수십 년 전까지는 많은 가마터가 강안에 유존하고 있었다고 전하고 있으나 1971년도에 그 일부가 국립중앙박물관에 의해 발굴 조사되었을 뿐 현재는 거의 유실되고 있다.

가마터는 강안에 남아 있었던 4기와 야산의 구릉지에서 발견된 2기를 합하여 모두 6기가 발굴 조사되었다. 가마의 형태는 모두 지하식으로 굴가마가 5기이고 평가마가 1기로 보고되고 있다. 굴가마는 모두 소성실에 단이 있는 계단식 가마로, 그 가운데 잘 남아 있는 한 가마는 전체 길이가 6.7미터, 소성실의 최대폭이 1.8미터, 그리고 굴뚝의 높이가 2미터 가량인 큰 규모의 가마인데, 소성실의 계단이 8단으로 이루어졌다.

왕진리 가마터에서는 암·수키와를 비롯하여 수막새, 인명 기와, 전돌 등의 와전류와 많은 토기편이 출토하여 기와와 토기를 함께 번조시킨 와도겸업요임을 알 수 있다. 수막새는 연꽃무늬가 장식된 것과 민무늬인 것 등 두 종류이며 인명 기와는 오사(午斯), 오지

(午止), 진(辰) 등이며 그 수요처가 부소산성, 금성산 절터, 쌍북리 및 관북리 건물터, 구아리 절터, 익산의 미륵사터 등에서 확인되고 있어서 그 수급 관계가 매우 다양함을 살필 수 있다.

부여 정암리 가마터(亭岩里窯址) : 부여군 규암면 정암리에 위치하고 있는데 1987년도에 처음으로 발견되었다. 가마터는 부여읍에서 직선 거리로 약 4킬로미터 가량 떨어져 있는 금강대안(錦江對岸)의 구릉지에 몇 지역군으로 나뉘어 수십 기가 분포하고 있다. 그 동안 국립부여박물관에서 1988년부터 연차적으로 계속 발굴 조사를 실시하고 있는데 현재까지 6기의 평가마와 3기의 굴가마가 조사되었다.

가마는 평가마와 굴가마로 구분되고 있는데 모두 구릉지의 경사면을 옆으로 파 들어가 구축한 지하식 가마이다. A지역군에서 조사된 제1호 가마는 평가마로서 전체 길이가 4.85미터이며 소성실의 최대폭이 1.72미터 가량인 중형의 가마이다. 가마는 아궁이, 연소실, 소성실, 연도 등 각 부위가 비교적 완전하게 남아 있는데, 연소실과 소성실 사이에는 높이 0.9미터 가량인 단벽(段壁)이 형성되어 있고, 소성실은 낮은 평면 방형을 이루고 있으며 연도의 배연구가 소성실 좌우측의 두 곳에 설치되고 있다(그림 9). 그런데 가마의 전방에 위치한 회구부(灰丘部)에서는 7개의 기둥 구멍(柱穴)이 발견되었는데 조업을 실시할 때 풍우를 방지하기 위한 목조 가구 시설의 기둥 자리로 생각되고 있어서 중요시되고 있다.

B지역군에서는 8기의 가마터가 조사되었다. 평가마는 5기가 조사되었는데 2기 병렬식(二基竝列式)으로 구축되었고 각 가마는 아궁이를 북쪽에 두고 있다. 가마는 전장의 함몰말고는 다른 부위가 잘 보존된 상태로 조사되었는데 소성실 바닥이 기와편으로 축조된 계단식임이 주목되고 있다. 그리고 연도는 3개의 배연구가 설치되어 A지역군의 제1호 가마의 배연구와 다른 차이를 보이고 있으며 그

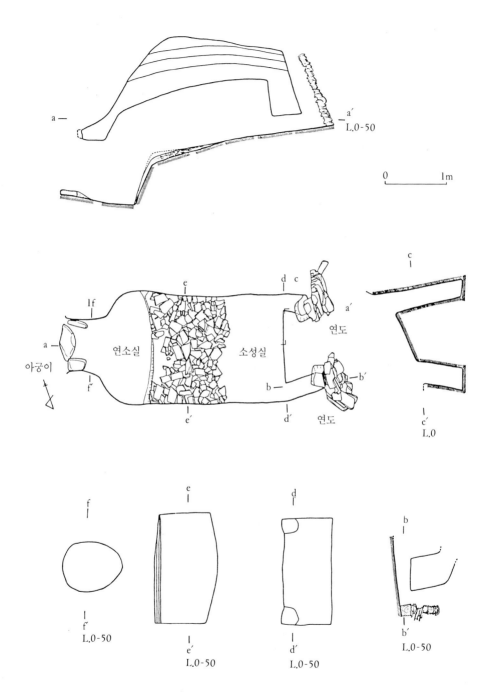

그림9. 부여 정암리 A지구 1호 가마 실측도 백제. 평가마.

사진82. 부여 정암리 B지구 가마 구릉 사면을 옆으로 파 들어가 구축한 백제시대의 가마이다. 아래측과 위측에는 2기의 평가마와 굴가마가 배치되고 있는 집단 가마터이다. 각 가마는 지하식으로 구축되고 있는데 천장의 함몰 이외는 비교적 양호한 상태를 보이고 있다.

외측이 와축(瓦築)이 아닌 석축(石築)인 점도 서로 대비되고 있다.

굴가마는 3기가 조사되었는데 평가마와 같이 아궁이를 북쪽에 두고 있고 소성실 바닥은 기와편을 이용하여 단을 만든 계단식이다. 3기의 굴가마 가운데 제7호 가마는 전체 길이가 6.6미터이며 소성실의 최대폭이 1.1미터 가량인데, 소성실의 경사도가 21도로 매우 급한 경사를 이루고 있다. 연도는 1개의 배연구가 소성실의 뒷면에서 1.5미터 가량 연장되다가 역ㄱ자 모양으로 꺾어져 지상을 향하고 있는데 그 외벽을 막돌로 보강시키고 있다(사진 82).

사진83. 연꽃무늬 수막새 백제. 부여 정암리 가마터 출토.

　정암리 가마터에서는 많은 수량의 와전류와 토기류가 출토하였다. 와전류는 암·수키와를 비롯하여 수막새, 치미, 전돌 등이고 토기류는 사배기형 토기, 완형 토기(盌形土器), 원통형 토기, 토기 뚜껑, 소형 접시 등으로 구분되고 있다. 이 밖에도 벼루, 토관(土管) 등이 함께 출토되었다. 그런데 이곳에서 생산된 수막새는 연꽃잎의 끝이 위로 치켜 올라가는 반전 수법을 보이고 있는데 상자형 무늬 전돌과 함께 그 수요처가 부여의 군수리 절터와 동남리 절터에서 확인되었다(사진 83).

신라의 기와 가마터   경주는 신라 천년의 고도로서 당시에 여러 궁성을 비롯하여 많은 사원들이 조영되었기 때문에 활발한 번와 활동이 이루어져 많은 수량의 기와가 생산되었을 것으로 생각하고 있으나, 근래까지 가마터의 발견례는 소수에 지나지 않고 있다. 그러나 최근에 이르러 경주 주변의 여러 곳에서 소규모로 분포하고 있는 기와 가마터가 약간씩 발견되고 있어서 당시의 기와 생산의 모습을 어느 정도 파악할 수가 있게 되었다.

고신라시대부터 개요(開窯)된 가마터는 경주군의 천북면, 내남면, 현곡면 등지에서 확인되고 있으며, 경주시에서 멀리 떨어진 안강읍의 육통리에서도 발견되고 있다. 그리고 통일신라의 가마터는 현곡면에 위치하고 있는 금장리 가마터가 대표된다. 그런데 고신라시대부터 번와 활동을 시작한 가마터는 대부분이 통일신라 직후까지 계속되고 있으며, 때로는 토기와 함께 번조되어 와도겸업요의 특성을 지니고 있다.

안강읍의 육통리 가마터는 고신라시대의 가마터와 고려시대의 가마터가 바로 이웃하여 발견되었는데 6세기 중기에 해당하는 백제계 수막새(사진 43)와 고려 초기의 우상무늬 암키와가 수집되었다. 그리고 내남면의 망성리 가마터에서는 고신라기의 수막새와 통일신라 직후에 제작된 "의봉4년개토(儀鳳四年皆土)"명 암키와가 수집되어 기와의 편년 연구에 중요한 자료를 제공해 주고 있다. 그러나 현재까지 발굴 조사가 실시된 가마터는 현곡면에 위치하고 있는 금장리 가마터뿐으로 신라 가마터의 형태나 구조에 대해서는 잘 알 수 없는 실정이다.

경주 하구리 가마터:일명 다경 와요지(多慶窯址)로 알려지고 있는데 경주군 현곡면 하구리의 다경 들녘에 위치하고 있다. 가마는 지하식 굴가마로 추정되고 있으나 폐요 이후에 지형이 크게 변경되었고 대부분이 농경지로 이용되고 있기 때문에 가마의 몸체는 거의

사진84. 경주 하구리 가마터 민묘가 위치한 논 가운데에 가마의 일부가 남아 있는데 가마의 벽체와 와전편이 약간씩 보이고 있다. 가마는 지하식으로 추정되고 있으나 폐요 이후에는 지형이 크게 변경되어 거의 유실되고 있다. 고신라.

유실되고 있다(사진 84).

가마터 주변에서 수집된 유물은 와전류가 대부분인데 기와류는 암·수키와를 비롯하여 암·수막새, 사래기와, 귀면기와 등이며 전돌 은 연꽃무늬 전돌과 쌍록보상화무늬 전돌 등이다. 수막새와 사래기 와는 고신라시대에 제작된 것으로 그 수요처가 황룡사(사진 14) 와 월성에서 확인되었다.

암막새는 무악식으로 유려한 고식 당초무늬가 새겨지고 있는데 쌍록 보상화무늬 전돌과 함께 안압지 주변 동궁(東宮)의 창건 와전 으로 통일신라 직후에 제작되어 공급된 것임을 알 수 있다. 쌍록

보상화무늬 전돌은 앞측면에 보상화당초무늬와 사슴무늬가 장식되고 그 상면에 보상화무늬가 시문되고 있는데, 안압지 동궁터에서 "조로2년 한지벌부…"의 명문이 새겨진 동범전돌(同笵塼, 사진 47, 47-1, 47-2)이 발견되어 그 제작 연도를 확실히 밝힐 수 있었다. 조로2년(調露二年)은 서기 680년으로 동궁이 서기 679년에 이룩되었기 때문에 이의 창건 와전으로 무악식 당초무늬 암막새와 함께 하구리 가마에서 동시에 생산되어 공급된 것임을 알 수 있다. 그리고 하구리 가마터는 다른 기와의 수급 관계를 통하여 6세기 후반부터 통일신라 직후인 7세기 후반까지 약 1세기 동안에 걸쳐서 경주 일원의 궁성과 여러 사원에 기와와 전돌을 생산하여 공급했던 가마로 복수 공급의 형태를 취하고 있었음을 밝힐 수 있다.

경주 금장리 가마터(金丈里窯址):현곡면 금장 3리의 넓은 들녘에 위치하고 있는 대표적인 통일신라의 가마 단지로 1978년도 긴급 조사가 실시되었다(사진 85). 가마터는 농지 정리 사업이 진행되는 과정에서 발견되었으므로 대부분이 훼손되고 있었으나 가마의 바닥과 회구부가 약간씩 확인되었다.

가마터에서는 많은 종류의 와전류와 토기 그리고 이채 벼루(二彩陶硯) 등이 출토되었는데 그 가운데에서도 특히 암·수막새와 귀면기와의 도제 와범(사진 86)이 수집되어 주목되었다. 이와 같이 여러 가지의 도제 와범이 가마터에서 실제로 발견된 예는 금장리 가마터가 처음으로, 당시의 제작 기법을 밝히는 데 매우 중요시되고 있다. 그런데 암·수막새의 와범에는 각각 연꽃무늬와 당초무늬 그리고 주문 등이 음각되고 있는데 그 외측에 한 단이 낮아진 판판한 면이 형성되어 있다. 이 가마터는 30,000여 평의 대규모적인 가마 단지로서 8세기 이후부터 신라가 멸망하는 10세기 전반까지 신라의 왕궁과 경주 일원에 조영된 사원 건축에 많은 와전을 생산하여 공급한 대표적인 관요(官窯)이었을 것으로 생각되고 있다.

사진85. **경주 금장리 가마** 발굴 조사중에 드러난 가마 모습이다. 가마는 작은 편인데 천장이 유실된 채 측벽이 약간 남아 있다. 그런데 가마의 내부에는 기와와 토기가 함께 쌓여 있어 와도겸업요의 특성을 보이고 있다. 통일신라. (위)

사진86. **도제 와범** 통일신라. 금장리 가마터 출토. (왼쪽)

사진88. 대구 용수동 가마 반지하식 굴가마로 천장과 측벽이 거의 유실되고 있다. 소성실 바닥에 3개의 낮은 단이 설치되고 있는 계단식 가마이다. 고려.

고려시대 가마터 고려시대의 기와 가마터는 전국 각처에서 상당수가 발견되고 있는데 몇 기의 발굴 조사를 통하여 당시의 가마 형태와 구조를 약간이나마 밝힐 수 있었다. 그런데 고려의 도읍지인 개성에서는 현재까지 가마터의 발견이나 발굴된 예가 거의 보고되고 있지 않아 왕도 중심의 관요의 생산 체제를 잘 파악될 수가 없으나 개성 부근에는 많은 가마터가 유존하고 있을 것으로 짐작하고 있다.

현재까지 고려시대의 가마터가 발견된 곳은 경주 효현동 가마터 (경북 경주시 효현동 소재), 안강 육통리 가마터(경북 안강읍 육통리 소재), 익산 미륵사터 가마터(전북 익산군 금마면 기양리 미륵사터 소재), 대구 용수동 가마터(대구직할시 용수동 산59 소재), 부여 정암리 가마터(충남 부여군 규암면 정암리 소재) 등이다. 이 가운데 안강 육통리 가마터와 익산 미륵사터 가마터, 그리고 대구 용수동 가마터와 부여 정암리 가마터 등이 각 1기씩 발굴 조사되었다.

고려시대의 가마는 가마의 몸체가 모두 지하에 묻혀 있는 지하식 가마와 천장과 측벽의 일부가 지상에 노출되고 있는 반지하식 가마로 구분되고 있는데 대구 용수동 가마말고는 소성실에 계단이 설치되어 있지 않는 무계단식이 중심이 되고 있다.

경주 효현동 가마터는 발굴 조사를 거치지 않았으나 지하식 가마로 추정되고 있으며 그 수요처가 경주 황룡사터에서 확인되고 있어서 고려 초기부터 번와 활동을 시작한 것으로 보인다.

부여 정암리 고려시대 가마터는 1990년도에 1기가 조사되었는데 정암리 백제 가마터의 B지역군의 주변에서 발견되었다. 가마의 전체 길이가 4미터 정도인 소형 가마로 그 형태가 지하식 굴가마로 밝혀졌는데 소성실의 경사도는 22도 안팎이 되고 있다.

한편 안강 육통리 가마터는 고신라시대 가마터와 고려시대 가마터가 바로 이웃하여 함께 분포하고 있는데 1기의 고려시대 기와가마가 1981년도에 국립경주박물관에 의해 수습 조사되었다(사진 87). 가마는 반지하식 굴가마로 소성실 양측벽 하단에는 보조 아궁이가 뚫려 있어 이채롭다. 보조 아궁이는 소규모로 둥글게 파여 있으며 탄 재가 두껍게 쌓여 있다. 이와 같은 보조 아궁이의 시설은 반지하식 굴가마의 경우에 소성실 후반부의 화열을 높이기 위한 목적에서 설치한 것이라고 생각되는데 육통리 가마터에서 처음으로 확인되어 우리나라 기와가마의 연구에 매우 중요시되고 있다.

사진87. 안강 육통리 가마　반지하식 굴가마로 소성실 양측벽 하단에는 보조 아궁이가 뚫려 있다. 연소실은 기의 유실되고 있는데 연소실과 소성실 사이에는 낮은 단벽이 형성되고 있다. 그리고 소성실 안에는 우상무늬가 새겨진 약간의 기와가 남아 있다. 고려.

사진89. 익산 미륵사터 가마 반지하식 가마로 천장과 연도는 모두 유실되고 있는데 측벽의 일부와 바닥은 잘 남아 있다. 연소실과 소성실 사이에는 점토와 기와편을 사용하여 만든 단벽이 있는데 가마의 바닥에는 많은 기와편이 쌓여 있다. 그런데 이곳에서 "연우4년정사미륵"명 문자 기와가 수집되어 가마의 조업 연대(1317년) 가 밝혀져 중요시되고 있다. 고려.

대구 용수동 가마터(龍水洞窯址):대구직할시 동구 용수동 산59의 팔공산 남쪽 기슭에 위치하고 있는데 1983년도에 경북대학교 박물관에 의하여 1기가 발굴 조사되었다.

가마의 전체 길이가 6.4미터이고 소성실의 최대폭이 1.9미터 가량인 반지하식 굴가마로 밝혀졌는데 소성실의 바닥에 3개의 단이 있는 계단식 가마이나 그 단이 매우 낮은 편이다(사진 88).

연도는 소성실의 뒷벽을 좁히고 암키와 2매를 옆으로 세우고 그 위에 또 다른 암키와 1매를 덮어서 축조하였는데 네모난 배연구는 짧게 계속되다가 역ㄱ자 모양으로 꺾어져 지상의 굴뚝과 연결되고 있다.

출토 유물은 선무늬와 우상무늬 등이 새겨진 암·수키와와 당초무늬가 장식된 암막새 그리고 "동수미륵당(桐藪彌勒堂)"명 문자 기와 등으로 고려 초기부터 조업 활동이 이루어진 것으로 생각되고 있다. 가마터 주변에는 또 다른 가마가 몇 기 정도 유존하고 있는데, 팔공산 주변에는 동화사를 비롯하여 여러 암자가 위치하고 있어서 그 수급 관계를 짐작할 수 있다.

익산 미륵사터 가마터(彌勒寺址窯址):미륵사터 동회랑에서 동쪽으로 60미터 가량 떨어진 사역 안에서 발견되었는데 1988년도에 문화재연구소에 의하여 1기가 발굴 조사되었다(사진 89).

가마의 현재 길이가 6.6미터이고 소성실의 최대폭이 2.95미터 가량인 반지하식 평가마로 추정되고 있는데, 소성실의 경사도는 7도 정도가 되고 있다. 천장과 연도 그리고 측벽은 거의 유실되고 있는데 연소실과 소성실 사이에는 점토와 기와편을 이용하여 축조한 단벽이 남아 있고 소성실 바닥에는 많은 기와편이 쌓여 있다. 그런데 연소실과 소성실은 그 길이에 비하여 폭이 매우 넓은 편이고 경사도도 매우 낮아 굴가마에서 평가마로 그 형태가 변형된 반지하식 가마임을 알 수 있다. 낮게 남아 있는 양측벽은 기와편과 점토로써 축조되어 있는데 그 벽선에 석회를 발라 도장하고 있어서 이채롭다.

가마의 내부에서는 많은 기와편이 수집되었는데 "연우4년정사미륵(延祐四年丁巳彌勒)"명 문자 기와가 20여 점 정도 출토되어 가마의 최종 조업 연대를 확실히 밝힐 수 있었다. '연우4년'은 고려 충숙왕 4년으로 1317년에 해당되는데 고려 후기의 가마의 편년 연구에 매우 중요한 자료로 평가되고 있다. 그런데 미륵사터에서는 고려 가마터 1기 이외에 2기의 조선시대 가마터가 또 발견되어 조사되었는데, 모두 미륵사 건물의 보수기(補修期)에 기와를 생산하여 공급한 사찰 전용 가마의 특성을 지니고 있음을 알 수 있다.

조선시대 가마터   조선시대의 가마터는 전국 각지에 많이 분포하고 있다. 현재까지 발굴 조사가 이루어진 가마터는 10여 기에 이르고 있는데, 여러 연구 기관에서 조사한 대표적인 가마터는 경주 동방동 가마터(경북 경주시 동방동 소지), 경주 천룡사터 가마터(경북 경주군 내남면 천룡사터 부근), 중원 문주리 가마터(충북 중원군 이류면 문주리 팔봉부락 소재), 동래 두구동 가마터(부산직할시 동래구 두구동 소재), 창녕 여초리 가마터(경남 창녕군 창녕읍 여초리 섬마을 소재), 창원 상곡리 가마터(경남 창원군 내서면 상곡리 소재) 등이다. 그리고 이 밖에 조사되지 않은 부여 만지리 가마터(충남 부여군 충화면 만지리 소재)가 있다.

조선시대의 가마터는 대부분이 구릉지의 경사면을 옆으로 파들어가 구축한 지하식 굴가마이며 소성실에 계단이 설치되어 있지 않는 무계단식 가마가 중심이 되고 있다. 그러나 경주 천룡사터 가마터에서 조사된 2기의 가마 가운데 1기는 기와편을 이용하여 소성실 바닥에 계단을 낮게 설치하고 있는 유단식 가마로 밝혀져 있어서 서로 다른 모습을 보이고 있다.

부여의 만지리 가마터(사진 90)는 조사되지 않았지만 가마 내부

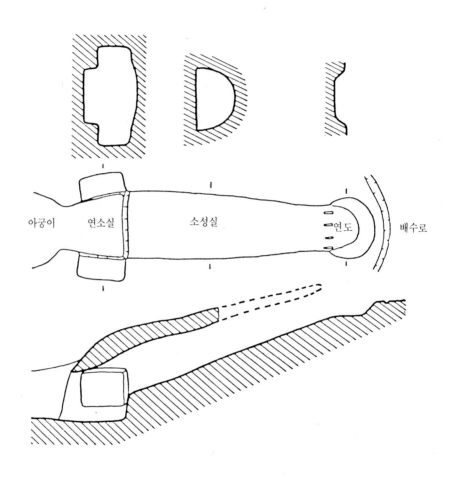

그림10. 동래 두구동 1호 가마 실측도   조선. 굴가마.

아궁이   연소실   소성실   연도   배수로

사진90. 부여 만지리 가마 내부　조선.

에 기와가 소성 당시 그대로 적재된 채 그 일부가 발견되어 중요시
되고 있다. 대부분의 가마터는 제품을 소성한 뒤 모두 꺼낸 공동
상태(空洞狀態)로 발견되고 있는데, 만지리 가마터는 기와의 일부가
적재된 채 발견되어 당시의 모습을 약간이나마 살필 수가 있다.
기와는 소성실에 3단으로 쌓아올렸는데 하단과 중단은 양측벽에서
부터 10여 매 이상의 암키와를 옆으로 겹쳐 세우고 그 가운데에는
각각 수키와와 암키와를 엎어 놓고 있다. 그리고 상단에는 여러
매의 암키와를 겹쳐서 듬성듬성하게 엎어 놓고 있다. 그런데 이와
같은 적재 방법이 소성실 전반부와 동일한 것인지는 확인할 수가
없지만, 소성실 후반부의 천장과 기와가 적재된 중단과 하단의 중간
에는 일정한 공간이 생기고 있어서 소성 당시 불길의 흐름을 돕기
위한 배려인 것으로 생각된다.

　　동래 두구동 가마터(杜邱洞窯址):두구동 가마터는 1987년도에
부산시립박물관에서 발굴 조사를 실시했는데 1기의 통일신라시대
토기 가마터와 2기의 조선시대 기와 가마터가 함께 조사되었다.
기와 가마터는 구릉지의 암반층을 파고 들어가 구축한 지하식 굴가
마로 2기가 동서 방향의 같은 모양으로 나란히 축조되고 있다.

2기의 가마 가운데 제1호 가마(그림 10)는 전체 길이가 7.75미터이고 소성실의 최대폭이 1.58미터 가량인 부계단식 가마인데 소성실과 연소실 사이에는 기와와 돌로 쌓아올린 단벽이 있다. 그런데 연소실 좌우측은 높이 30센티미터 정도의 낮은 단을 만들어 확장시키고 있어서 이채롭다. 이와 같은 구조는 처음 발견된 것으로 바닥에 기와가 남아 있는 것으로 보아 소성 당시에 이곳에도 기와를 적재하여 구웠던 것으로 생각된다. 또한 소성실 뒤쪽에는 돌로 축조된 배연구가 나타났는데 배연구는 4개로 뚫려 있다. 그리고 가마의 뒤쪽 경사면에는 구덩이를 길게 파고 그 위에 돌을 덮은 배수로가 발견되었는데 구릉지에 위치한 가마의 침수를 방지하기 위하여 설치한 것임을 알 수 있다. 출토 유물은 기와편이 대부분인데 조선 초기의 특색을 보이고 있다.

창원 상곡리 가마터(上谷里窯址): 산기슭의 북사면(北斜面)을 옆으로 파 들어가 구축한 지하식 굴가마로 1991년도에 국립진주박물관에서 1기가 발굴 조사되었다.

가마(사진 91)는 전체 길이가 7.8미터이고 소성실의 최대폭이 2.0미터 안팎인 중형의 가마로 가마의 각 부위가 비교적 잘 남아 있다. 그리고 아궁이의 좌우측에는 두 개의 돌이 세워져 있고 연소실과 소성실 사이에는 높은 단벽이 형성되고 있는데 소성실은 계단이 설치되어 있지 않는 무계단식이다. 그런데 소성실의 뒤쪽에는 가마의 주축 방향과 같이 수키와 1매씩을 4열로 바닥에 부설하고 있어서 특이한데, 소성 당시에 연도에서의 불길 유입을 원활하게 조절하기 위한 와열(瓦列)로 간주되고 있다. 가마에서 생산된 제품은 집선무늬가 새겨진 암·수키와뿐인데 짧은 기간에 동일한 공급을 위하여 번와를 실시한 전용요(專用窯)의 성격을 지니고 있으며, 그 출토 유물을 통하여 조선 전기에 조업 활동이 이루어진 것으로 생각되고 있다.

참고 문헌

조선총독부 「고구려시대의 유적」고적조사특별보고 제5책, 1927.

다니도요노부(谷豊信) '4, 5세기의 고구려의 기와에 관한 약간의 고찰'
　　　　「동양문화연구소 기요」제108책, 평성원년.

충남대학교 백제연구소편 「백제와전도보」1972.

백제문화개발연구원 「백제와전도록」1983.

국립공주박물관 「백제와당특별전」1988.

국립부여박물관 「특별전 백제의 와전」1989.

박용진 '백제와당의 체계적 분류'「백제문화」제9집, 공주사범대학 부
　　　　설 백제문화연구소, 1976.

가메다슈이치(龜田修一) '백제고와고'「백제연구」제12집, 충남대학교
　　　　백제연구소, 1981.

　　　　　　　　'백제한성시대의 기와에 관한 각서'「윤무병박사 회갑기념
　　　　논총」1984.

오다후지오(小田富土雄) '백제계 단판헌환와고'「사연(史淵)」제95집,
　　　　1966.

이우찌이사오(井內功) '백제한성시대의 와당에 대하여'「고고미술」제
　　　　187호, 한국미술사학회, 1990.

장경호, 최맹식 '미륵사지 출토 기왓등문양에 대한 조사 연구'「문화재」
　　　　제19호, 문화재관리국, 1989.

서오선 「한국 평와문양의 시대적 변천에 대한 연구」충남대학교 대학원,
　　　　1985.

경도제국대학 「신라고와의 연구」경도제국대학 문학부 연구 보고 제13
　　　　책, 1934.

북구주시립역사박물관 「도록 신라의 고와전」1975.

김성구 '안압지 출토 고식와당의 고찰'「미술자료」제29호, 국립중앙박물
　　　　관, 1981.

신창수 '삼국시대 신라기와의 연구'「문화재」제20호, 문화재관리국,
　　　　1987.

박홍국 「삼국말통일초기 신라와전에 대한 일고찰」동국대학교 대학원,
　　　　1986.

김성구 '통일신라시대의 와전 연구'「고고미술」제162, 163호, 한국미술
　　　　사학회, 1984.

김동현 외 「신라의 기와」한국건축사대계 V, 동산문화사, 1976.

김성구 '통일신라시대 서조문원와당 소고'「윤무병박사 회갑기념논총」
　　　　1984.

박은경 '고려와당문양의 편년 연구'「고고역사학지」제4집, 동아대학교박
　　　　물관, 1988.

황의수 「조선기와」대원사, 1989.

모리이쿠오(森郁夫) 「기와」뉴사이엔스사, 소화 61년.

오오가와기요시(大川淸) 「일본의 고대와요」웅산각, 소화 47년.

김성구, 신광섭 외 「부여 정암리 가마터(Ⅰ)」국립부여박물관, 1988.

김성구 '부여의 백제요지와 출토유물에 대하여'「백제연구」제21집,
　　　　1990.

───── '다경와요지 출토 신라와전 소고'「미술자료」제33호, 국립중앙
　　　　박물관, 1983.

윤용진 「대구 용수동 가마터」대구직할시, 1986.

최맹식 '미륵사지 기와가마터 조사'「용암 차문섭교수 회갑기념 사학논
　　　　총」1989.

송계현 '동래 두구동 임석유적 발굴조사 개보'「영남고고학」제4호,
　　　　1987.

김성구, 김정완 외 「창녕 여초리 기와가마터」국립진주박물관·창녕군,
　　　　1991.

찾아보기

빛깔있는 책들 102-30

옛기와

초판 1쇄 발행 | 1992년 4월 25일
초판 7쇄 발행 | 2003년 9월 30일
재판 1쇄 발행 | 2013년 9월 30일

글 · 사진 | 김성구

발행인 | 김남석
편 집 이 사 | 김정옥
편집디자인 | 임세희
전   무 | 정만성
영 업 부 장 | 이현석

발행처 | (주)대원사
주   소 | 135-230 서울시 강남구 양재대로 55길 37, 302(일원동 대도빌딩)
전   화 | (02)757-6717~6719
팩시밀리 | (02)775-8043
등록번호 | 등록 제3-191호
홈페이지 | www.daewonsa.co.kr

값 8,500원

ⓒ Daewonsa Publishing Co,. Ltd.
   Printed In Korea (1992)

ISBN 978-89-369-0122-6

빛깔있는 책들